本书系河北省社会科学基金项目：
《创业型大学科研评价体系及其对雄安大学的借鉴意义研究》
（编号：HB20JY017）的项目成果

创业型大学

科研评价体系的要素识别与模式构建研究

付鸿彦◆著

中国财富出版社有限公司

图书在版编目（CIP）数据

创业型大学科研评价体系的要素识别与模式构建研究 / 付鸿彦著. —北京：中国财富出版社有限公司，2022. 11

ISBN 978-7-5047-7803-1

Ⅰ. ①创… Ⅱ. ①付… Ⅲ. ①高等学校—科学研究工作 Ⅳ. ①G644

中国版本图书馆 CIP 数据核字（2022）第 212536 号

策划编辑 谷秀莉 **责任编辑** 田 超 刘康格 **版权编辑** 李 洋
责任印制 梁 凡 **责任校对** 卓闪闪 **责任发行** 杨 江

出版发行	中国财富出版社有限公司		
社　址	北京市丰台区南四环西路188号5区20楼	**邮政编码**	100070
电　话	010-52227588 转 2098（发行部）		010-52227588 转 321（总编室）
	010-52227566（24小时读者服务）		010-52227588 转 305（质检部）
网　址	http: //www. cfpress. com. cn	**排　版**	宝蕾元
经　销	新华书店	**印　刷**	北京九州迅驰传媒文化有限公司
书　号	ISBN 978-7-5047-7803-1/G · 0781		
开　本	710mm × 1000mm 1/16	**版　次**	2022 年 12 月第 1 版
印　张	10.75	**印　次**	2022 年 12 月第 1 次印刷
字　数	187 千字	**定　价**	62.00 元

目　录

第一章

绪　论

第一节　研究背景

知识经济时代，高校在知识传递、知识生产、科技创新、经济发展和服务社会中扮演着越来越重要的角色。这些转变促使大学转变知识生产模式、教学科研方式，重新考虑教育使命，促使高校重视产学研融合，创新创业教育，服务地方发展。更有一些高校，在教育教学的基础上，与市场产业的联系更加紧密，运行管理中逐渐显示出市场化、企业化的特点，这就是美国著名教育学家克拉克所谓的创业型大学。世界上越来越多的高校开始朝这个方向转变，以此破解高校发展困境，提高人才培养质量。

创业型大学是在与市场联系日益紧密的背景下，高等教育职能不断拓展产生的。在高等教育机构发展日益多元化的今天，创业型大学处于大学制度变革的岔路口。无论是从历史或是从现实角度考虑，创业型大学都已经拥有不同于以往大学的禀赋和内涵，因此背负着比传统大学更为复杂的科研任务与使命。基于上述原因，需要从理论、制度和实践等多维角度出发对创业型大学的科研评价体系进行分析，探讨创业型大学的科研评价模式，既有理论价值，又有实践价值。本书在分析创业型大学的内涵、价值、特征的基础上，识别创业型大学科研评价的基本要素，构建创业型大学的科研评价体系，为我国研究型大学向创业型大学转变提供思路。本书的研究，对创业型大学持续为经济增长发力，为国家经济高质量发展贡献力量十分有帮助。

本书聚焦于以下问题：创业型大学科研评价模式有何特征？作为创业型大学，其科研评价的基准、要素是什么？研究型大学科研评价模式该如何转型为创业型大学科研评价模式？如何理性地看待我国的创业型大学科研评价模式建设？思考与研究这些问题，对我国创建世界一流大学、促进高等教育发展具有重要意义。有鉴于此，本节将从知识经济时代的到来、知识生产范式的转型等几个方面来论述本书的研究背景。

一、知识经济时代的到来

随着经济不断发展，产业转型升级取得新突破，知识成为经济增长的主要动力，在知识不断生产、分配、使用的基础上，产生了一种新的经济形态，即知识经济。现代化经济包含 3 个阶段，即农业经济、工业经济、知识经济。农业经济中，一个国家的实力取决于自然资源，如土地、矿产等；工业经济中，一个国家的实力是由资源利用效率和组织效率决定的；而知识经济中，人力资本的积累及高等教育的发展程度直接影响着一个国家的发展。在新的经济—技术范式下，其他的资源诸如自然资源和资本等可以在国际市场上以通用价格购买，但要靠这样的方法来提升劳动生产率很困难。好的教育不但可以提高工人的工作效率，而且可以让人们更好地适应各种变化，包括引入新技术，并赋予人们杰出的创新能力。新时代，要实现经济高质量发展，就要在新的历史条件和新的经济、社会环境下开创新的发展方式。当前，大学作为经济发展新的推动力，应依靠自身的创新能力，以增强国家实力为基础，把握信息技术变革机会，促进知识经济发展。

历史和实践证明，高等教育发展要走在技术的前面而不是被技术反超。高等教育是技术进步的先导，它可以推动经济和社会良性发展；技术进步一旦反超高等教育发展，在促进经济发展的同时就会加剧社会的两极分化。值得注意的是，与经济—技术范式的转变相比，当今的高校发展明显落后。在这样的背景下，哪个国家的高等教育能够在知识经济时代实现自主创新，哪个国家就会是世界上新的高等教育中心。反之，哪个国家高等教育发展速度减缓，或者忽视了有创造力和企业家精神的人才的培养，哪个国家就会在智力和创造性经济中处于劣势。因此，近几年，各国都在加大对高等教育的投入，把最好的资源集中用于世界一流大学建设，将之作为提升国家综合实力的助推器。

以往，世界上很多国家的重点大学，不管是不是世界一流，都只是一个单独的大学项目，高校建设更多的是作为文化建设的一环，旨在展现一国的软实力。现在，世界一流大学的建设已经不再仅仅是一个单独的大学项目，而是成为关系国民经济和社会发展的重要内容。国际一流高校的数量与排名，是衡量一国软实力的重要因素。当今，世界上许多国家建立世界一流大学的首要目的是建立活跃的、有自我驱动力的知识机构，而不仅仅是文化建设或满足本国公民接受高等教育的需求。需要注意的是，受经济至上主义的影响，目前社会依然偏向于以创新为导向的发展。在科技创新的基础上，国家重点发展了研究型大学，加强了科学和技术专业的建设。在国际上，很多国家认为，以研究型大学为依托，建设世界一流的科学和技术，是最重要的经济政策。但是，在后工业化社会，单纯依靠“创新”这一概念是难以推动创新型经济的，以知识和创新为基础，需要发挥“精神想象力”，对“创新”的认知进行一次革新。具体而言，在后工业化社会，要实现创业的目标，需要以研究型大学为基础，以一种全新的大学理念和制度来发展高等教育，即建设创业型大学。在这种情况下，人们对于创业的理解和认知会更深化，同时，实现创业的途径也不再仅仅是科技成果的转化或高科技公司的孵化，还包括创业教育。我们要认识到，高校要想真正实现创新，最基本的途径还是靠人才。只有培养出符合创新型社会需求的人才，高校才能真正发挥出后工业化社会的枢纽作用。随着经济和社会的发展，人们对知识创新的需求与日俱增，这对高校的发展提出了更高的要求，也使高校面临更多的合法性危机。高校如果能够抓住机遇成功应对挑战，就会成为知识经济社会的核心机构，如果不能满足知识经济社会对知识和创新的需要，那么高校就可能面临被其他形式的组织取代的风险。高校要想在知识经济时代确保自己的核心地位，就需要转变发展范式，成为变革的引领者。

中国经济在持续发展的今天，也暴露了一些问题，主要表现为创新能力不足、科研成果少、转化率低、关键技术受制于人，长期来看，中国社会创新能力的不足势必会影响到产业转型升级、我国国际地位的提高，进而影响经济发展、我国综合国力的提升。因此，提高自主创新能力，掌握核心科技自主权，加强科研成果的转化，是中国经济社会发展面临的迫切要求之一。在此背景之下，中国将建设创新型国家作为一项重大战略，力图通过科技创新、增强自主创新能力来强化中国在国际社会中的竞争优势。经过近些年的发展，我国研究型大学实力进一步提升，但与世界一流的高水平创业型大学还有一定差距。究其原因，问题种种，具体表现为高校办学自主权较小，管理科层化，评价体系僵化，等等。我国当前一批高水平创业型大学如何发展？是否有新的理念、新的发展模式？如何进行科研成果的评价？能否从麻省理工学院、斯坦福大学这些成功的创业型大学中获得启示？在高等教育发展日新月异的今天，高等教育改革也同样加快了步伐，如何在竞争激烈的国际社会中获得一席之地？这一系列的问题正引起我国高等教育研究者的重视。

二、知识生产模式的转型

大学自诞生起就担负着知识生产、知识传递、服务社会的功能，无论时代如何变化，其这一功能从未发生变化，但其知识生产模式却在不断改变。大学知识生产模式是在生产知识的过程中所形成的认知模式、研究方法及传授方式。也就是说，知识生产模式不仅是认知体系，也是知识生产体系，影响大学内部高深知识的形成。特定的时代特点与知识内在的生产规律相互影响，共同塑造着大学的知识生产模式；反之，这些生产模式也影响着大学、社会、国家。大学知识生产模式限定了哪些知识能够进入大学进而生产、衍变，哪些知识不能够进入大学而被“流放”在大学外部。

当前的知识经济社会，知识生产模式发生了变革，从以“学术范式”为轴心的传统知识生产模式转向以“应用范式”为主导的知识生产新模式（这一过程中，知识生产模式有 3 种，即模式 1、模式 2、模式 3），大学逐渐从“象牙塔”走向社会的中心。

知识生产模式 1 下的大学，注重探究“高深知识”，推崇“为了知识而知识”，更重视知识的内在逻辑，与应用研究隔离。在经历了第一次“学术革命”以后，大学开始向研究型大学转变。此类大学具有 3 个明显的特征：一是科研职能明显增强，科研以制度化的形式成为研究型大学的合法职能；二是学科组织产生，学科组织开始垄断知识生产，规范性和权威性很强，同时，学科之间形成壁垒，各自没有交叉；三是人才培养模式封闭，高校与社会互动性不强，有明显的“纯科学”学术特征，基于科研与教学的互动培养模式具备学科逻辑。

知识生产模式 2 是知识生产模式 1 的延伸，拓展了知识边界，打破了大学知识的垄断地位，使科学研究冲破了大学“象牙塔”而进入社会，与产业和市场的联系日益密切。因此，知识生产模式 2 表现出一些其他特征：一是知识的范围扩大，学科之间的壁垒消除，向分化和交叉的趋势转变，突破了大学研究一直存在的学科等级制度，实现了跨学科融合，形成学科专业与市场、产业的双向流动；二是大学开始突破与外界隔绝的状态，进一步加深与社会的联系，大学服务社会的功能开始凸显，大学生产知识的垄断地位被打破，更多的社会组织、企业、团体介入知识生产领域；三是人才培养模式发生转变，跨学科人才培养成为重要的趋势，大学教授的内容也不再仅仅局限于理论，而是包含实践，注重培养学生的自主思维和创造精神。在知识生产模式 2 的背景下，创业型大学应运而生。创业型大学是对研究型大学的继承与发扬，在研究型大学中出现的“创新创业”现象就是其鲜明的特征。实际上，创业型大学拓展了研究型大学的功能，增加了创业职能，创业型大学逐渐成为一种新的发展趋势。

知识生产模式 3 是知识生产模式 1 和知识生产模式 2 衍生出来的一个创新模式，它在知识经济发展背景下融合了大学和非大学机构，将知识生产转化为一个多利益攸关方的联盟活动。在知识生产模式 3 下产生的大学，将知识生产模式 1、知识生产模式 2 知识生产的内涵结构、逻辑整合在一起，采用创新和协同的方式，构建了一个以卓越性、创造性和可持续性为特征的“学术企业”。这种情境下诞生的“学术企业”，与创业型大学有很多不同：创业型大学紧密联系市场，以大学的知识生产为出发点，将促进科技创新服务社会作为发展目标；“学术企业”则以产业为出发点，目标是营利，其知识生产更多是为这个目标来服务。因此，“学术企业”属于中介组织，介于企业和大学之间，也可将其视为具有组织结构的“知识集群”。“学术企业”参与科研不是以追求学术知识为目标的，而是为了创造价值，获得经济效益，但“学术企业”不能简单地等同于工业企业，工业企业在注重经济效益的同时也注重知识生产创新。因此，“学术企业”在知识生产模式 3 下的大学的科研中发挥了积极作用，具体表现为：一是与社会有着密切的联系，能够对社会发展变化做出快速反应，知识创造与社会发展频繁交流互动；二是注重综合基础研究和应用研究，提高知识生产的效率，保证知识生产质量；三是“学术企业”的兴起为“知识集群”和“创新网络”提供了案例，促进了协同创新，使知识生产进一步差异化和科学化。

综观高校知识生产模式的演变历程，可以看出，知识生产模式的转变直接关系到高校未来的发展方向与目标。在知识生产模式 1 的发展过程中，出现了研究型大学，在知识生产模式 2 的发展过程中，出现了创业型大学，知识生产模式 3 建立了以“创新网络”与“知识集群”为基础的多维度创新体系，在此基础上形成了“学术企业”这一机构。大学的职能也随着知识生产模式的转变发生变化。大学不仅承担教学和科学研究任务，还开始紧密联系社会，承担经济发展任务，大学的社会服务职能显示更加强劲的力量。在这种模式下，各界开始关注大学如何高效率地进行知识生产，完成科研成果的转化，从而借助知识生产创新的力量带动经济持续增长。在第二次“学术革命”的冲击下，创业型大学得以崛起，大学发展新增了创新创业、成果转化等要素。此后，大学、市场、政府等主体之间建立起了紧密的关系，人才培养实践既涉及学术，也涉及经济活动，二者相互扶持，构成了知识生产的新常态。可以得知，通过两次“学术革命”，大学已经发生了诸多改变，包括内涵、功能、要素、结构等诸多方面，从而促进发展模式发生变化，这也表明了大学在知识生产模式上的转型。

与此同时，知识生产模式越来越呈现新的特征，包括情境化、集体性和跨学科协同性，知识生产的主体多元化和组织多样性，知识生产的社会责任性和质量控制标准的杂合式等，这些特征预示着现代研究型大学的科研评价模式正在面临范式危机。由于知识生产具有内在复杂性，以及现代大学对知识生产、科技创新发展提出了更高的要求，以学科为基础、专业化的知识生产方式亟须转型。在知识经济社会，为了适应社会的发展、经济的转型以及大学内部的变革，研究型大学的科研评价模式需要向创业型大学的科研评价模式转型。

三、研究型大学科研评价模式的转型

研究型大学科研评价模式认为大学等同于知识生产者的角色，其通过知识产出与线性转移影响经济发展。美国现行的研究型大学科研评价模式具有如下 3 个特点：第一，科研评价主体采用内外部结合的形式，以大学为主，政府与社会评价机构并存；第二，评价方式多元化，以专家评价为主；第三，在科研业绩考核方面，关注教师的科研绩效。

知识生产模式从“学术范式”转移到“应用范式”，对研究型大学的科研评价模式提出了挑战。一方面，知识生产模式的转变打破了研究型大学知识生产的垄断地位，越来越多的主体参与到知识生产体系中，在知识经济时代，经济发展对知识的生产创造提出了更高的要求，大学需要为经济发展提供源源不断的动力，“知识创业”（利用大学生产创造的知识直接创造新的企业）应运而生。这样一来，大学就改变了“非营利性”特点，出现了新的内涵和组织特性，创业型大学也因此成为一种“颠覆性创新”。知识创业（或称知识资本化与大学研究成果的商业化、产业化）逐渐使大学的特性功能发生变化，大学正经历着从“象牙塔”向创业范式的演变。另一方面，研究型大学现行的评价逻辑仍以传统的“学术范式”为中心，注重论文发刊级别和发表数量，以及科研课题的申请以及经费的获取，科研转化水平比较低，对经济社会发展效益提升作用体现得不明显。知识社会，比起知识生产更加强调大学的创新作用，创业成为大学的新使命，因此大学的科研评价模式也将不可避免地面临综合转型。

科研评价模式改革旨在推动科研高质量发展。2015 年国家发布“双一流”高校建设方案及第四轮学科评估结果，2018 年科学技术部等部委发布一系列“破五唯”文件，2020 年 10 月，中共中央、国务院印发的《深化新时代教育评价改革总体方案》，将中国学术界已高喊了多年的“破五唯”真正推向了改革的拐点。综观国外科研评价模式，如 *San Francisco Declaration on Research Assessment*（《旧金山科研评价宣言》）、*The Leiden Manifesto for Research Metrics*（《莱顿研究计量学的宣言》）、*Responsible Research and Innovation*（《负责任研究与创新》）等，都强调科研评价体系“指挥棒”的作用，力求建立公平合理的科研评价体系。但在我国，由于“创业型大学”这一概念提出时间不长，当前研究仍主要集中于发展模式、发展路径、人才培养、特征与内涵等方面，并未涉及科研评价体系相关内容，在研究型大学科研评价模式的转型关键期，研究构建创业型大学科研评价模式，对于明确我国高校科研创新使命、增强高校科研自主创新积极性有着重要意义。

四、创业型大学科研评价模式的构建

随着知识经济社会的到来，知识生产、知识创新越来越成为经济发展的引擎，在经济发展中发挥越来越重要的作用，知识经济的发展将引领大学走向一个新的时代。面对社会巨变，大学不可避免地面临风险和挑战，要想适应瞬息万变的外部环境，实现利用知识创造价值的目标，大学作为知识型组织必须实现转型，即从创造知识的组织“研究型大学”向知识创造价值的组织“创业型大学”转型。为此，国内外许多高校纷纷寻求转型契机，率先与企业进行产学研合作，并在此过程中实现了转型。高校以其自身的知识创新成果为依托，吸引外来资金从而开发新产业，提高科研成果转化率，从而服务于经济转型升级，促进社会进步，转变为经济、社会发展的动力来源。

正如《麻省理工学院与创业科学的兴起》所写，研究型大学在很大程度上是在教育和科学之间取得平衡，而创业型大学则是为经济发展服务。创业型大学的兴起与发展顺应了当前创新创业发展的时代潮流，为促进高校科研活动开展、深化产学研合作、推进高校科研体制改革提供了新的路径。但是，我国当前对于“双一流”高校的界定与评价基本上采用研究型大学的传统模式，即以论文发刊级别、发表数量、引用量为主要标准，重视同行评价和行政评价，并没有意识到科研成果转化或知识创造的价值。因此，加强对创业型大学及科研评价体系的研究，采取有力措施，加大扶持力度，对促进国内一些大学转型发展、深化高校科研体制改革意义重大。

第二节　研究意义

创业型大学因为其独特的创新创业活动对经济社会所具有的促进作用，成为大学变革的一种新型路径，使高等教育强国有了理想的立足点，揭示了新时代大学发展变革的新方向。现实表明，我国部分知名大学有向创业型大学转变的可能性与必要性。因此，对创业型大学进行研究将对我国建设“双一流”大学、提升我国核心竞争力发挥重要的作用。

一、理论意义

第一，为我国加快创建世界一流大学的科研评价模式提供理论借鉴。基于新的知识生产模式，在社会创新创业的环境下，分析创业型大学科研评价的基准与发展模式，有利于激励研究者重新探讨大学科研评价模式构建规律，准确识别创业型大学科研评价的内容要素，破除唯学历、唯资历、唯论文的情况，实事求是地规划我国世界一流大学的科研评价模式。

第二，为改革与发展我国创业型大学科研评价模式提供基本的理论支撑。现有的创业型大学研究未涉及科研评价案例分析，少部分研究也缺乏实际意义，本书将克服这个弊端，采用跨学科的研究方法对多个创业型大学开展研究，如图谱可视化方法、社会网络分析方法、文本分析方法、回归分析方法、个案研究方法等，从而形成创业型大学科研评价模式的理论支撑。

二、实践意义

为研究型大学的创业科研实践提供实证支撑。本书拟对我国典型的研究型大学科研评价现状进行实证比较，从而进行理性化探讨，剖析存在的问题，有针对性地提出建议，从而为我国大学规划开展研究型大学的创业科研实践、促进研究型大学科研评价改革提供理论支撑。

探讨创业型大学科研评价模式，对我国“双一流”大学科研评价体系建设具有重要的实践意义。本书对我国研究型大学科研评价转型为创业型大学科研评价的途径、发展模式等重要实践问题进行研究，为在科研评价目标、理念、途径等方面创建世界一流大学提供借鉴。

有利于提升区域创新能力。创业型大学旨在提高国家和区域创新能力，通过知识创新和创业推动区域创新，通过技术转移在实际层面上促进区域经济发展。因此，探索创业型大学科研评价模式对提升区域创新能力和核心竞争力，具有重要的实践意义。

推进创新型国家建设和创新型人才培养。创业型大学以知识创新为出发点，与市场和社会联系紧密，因而有较强的科研转化能力，从而为国家科技水平提高、产业结构的转型升级、经济高质量发展起到强大的推动作用，有利于推进我国创新型国家建设，深化产学研融合，鼓励创业，促进科研成果转化，有利于为国家建设培养更多的创新型人才。

第三节 研究内容与拟解决的关键问题

一、研究内容

本书以创业型大学科研评价模式作为具体研究对象，计划从三个方面展开研究，即创业型大学科研评价模式变革与基本理论研究、创业型大学科研评价要素识别的实证研究、创业型大学科研评价模式构建的案例研究。基本理论研究方面突出基于知识生产模式转型的创业型大学科研评价的理念、组织与职能特点；实证研究方面突出创业型大学要素识别的现状与问题分析；案例研究方面既包括国外成熟的创业型大学案例，也包括国内转型中的研究型大学案例。

本书从理论探讨、文本分析、案例研究等多个视角出发，采用知识图谱分析法、案例研究法、内容分析法等，力图展示创业型大学科研评价模式变革的新图景，探究创业型大学科研评价的要素及模式，为我国研究型大学科研评价模式向创业型大学科研评价模式的改革与发展提供政策建议。研究内容如下。

第一，把握已有研究。本书运用 CiteSpace 软件对国内外创业型大学的研究热点进行了多层次的研究，并利用所选取的文献资料进行统计分析，以便更好地把握创业型大学研究现状、发展趋势和动态，从而为进一步的研究打下坚实的基础。

第二，聚焦研究问题。创业型大学是什么？创业型大学科研评价的发展模式有哪些特征？高校科研评价存在哪些实际问题？我们应该怎样正确看待研究型大学到创业型大学的转变？研究型大学科研评价模式怎样向创业型大学科研评价模式转变？

第三，对问题进行了理论探讨。以三螺旋理论和知识生产范式为基础，对创业型大学科研评价的特征、要素和模式变革进行系统剖析。通过对创业型大学科研评价模式进行理论探讨，揭示研究型大学科研评价模式向创业型大学科研评价模式变革的必然性。

第四，对问题进行量化分析。对研究型大学和创业型大学科研评价中的实际问题进行量化分析，对中美研究型大学的科研评价状况进行比较分析，得出我国研究型大学的发展状况及存在的问题，以及美国创业型大学对我国研究型大学的启示。本书从定量的角度探讨研究型大学科研评价向创业型大学科研评价转型的新图景。

第五，针对问题开展案例分析。以典型的创业型大学作为案例，分析创业型大学的科研评价体系，识别、提取创业型大学科研评价的相关构成要素，从而构建起创业型大学科研评价模式，为我国研究型大学科研评价模式向创业型大学科研评价模式变革提供借鉴。

第六，结合我国研究型大学的发展现状，探讨知识经济时代对我国创业型大学变革的影响，以及我国创业型大学建设及科研评价、研究型大学向创业型大学路径的转变问题。

二、拟解决的关键问题

本书拟解决的关键问题：探究创业型大学科研评价的特征、要素、模式，揭示研究型大学科研评价体系向创业型大学变革的新图景，为我国研究型大学科研评价的改革与发展和创业型大学科研评价体系建设提供政策建议。

第四节 研究方法与技术路线

一、研究方法

1. 文献分析法

文献分析法贯穿本书整个研究过程，为研究问题的提出提供理论基础，并进一步帮助明确研究范畴和方向。本书通过图书馆、知网等途径收集与此主题相关的文献，通过一系列可视化的研究方法，对 20 世纪 90 年代以来国内外高校的论文发表数量、机构、研究现状、热点和研究动向进行了研究，在此基础上建立了相关的理论和概念体系。

2. 案例分析法

案例分析法是社会科学研究很重要的一个手段，针对单个研究对象进行具体、深入的分析，特点包括研究的全面性、研究方法的多样性、研究对象的典型性。本书对以麻省理工学院为代表的美国创业型大学，以及国家第一批“985 工程”计划建设的高校进行了案例研究，分析了研究型大学在面对办学环境内部、外部变化下所采取的创业型科研评价机制，识别创业型大学科研评价的要点。个案材料来源广泛，包含政府报告、学术报告、网站介绍、新闻、年报等。

3. 内容分析法

内容分析法是一种量化的研究方法，它通过将媒介上的文字、非量化的有交流价值的信息转化为定量的数据，建立有效的类目分解交流内容，分析研究对象存在的信息特征，挖掘和探究政策文本制定者的意图、目的等，有效地提高研究结果的科学性。本书以国外典型创业大学和我国“985 工程”首批建设的大学有关科研评价要素的规范性文件资料为文本，采用内容分析法来识别创业型大学科研评价的基本要素，为构建创业型大学科研评价的发展模式做铺垫。

4. 定量分析法

定量分析法是目前比较常见的研究方法，收集研究对象的数据，并利用数据统计软件进行分析。具体来说，以研究主题为中心，有针对性地开展调研和专家访谈等，获取的数据样本客观、真实，为理论研究提供了数据基础。本书分析创业型大学科研评价的现状与问题，目的是为创业型大学科研评价发展模式的构建提供依据。

5. 知识图谱法

知识图谱法被用来辅助大数据分析，使用知识图谱法能够增强数据之间的关联性，使我们能够通过知识图谱这种直观的方式对数据进行挖掘和分析。知识图谱可以人为构建与定义，可以描述各种概念之间的弱关系。知识图谱对数据的描述能力非常强大，这刚好弥补了机器学习描述能力不佳的缺陷。

二、技术路线

技术路线如图 1-1 所示。

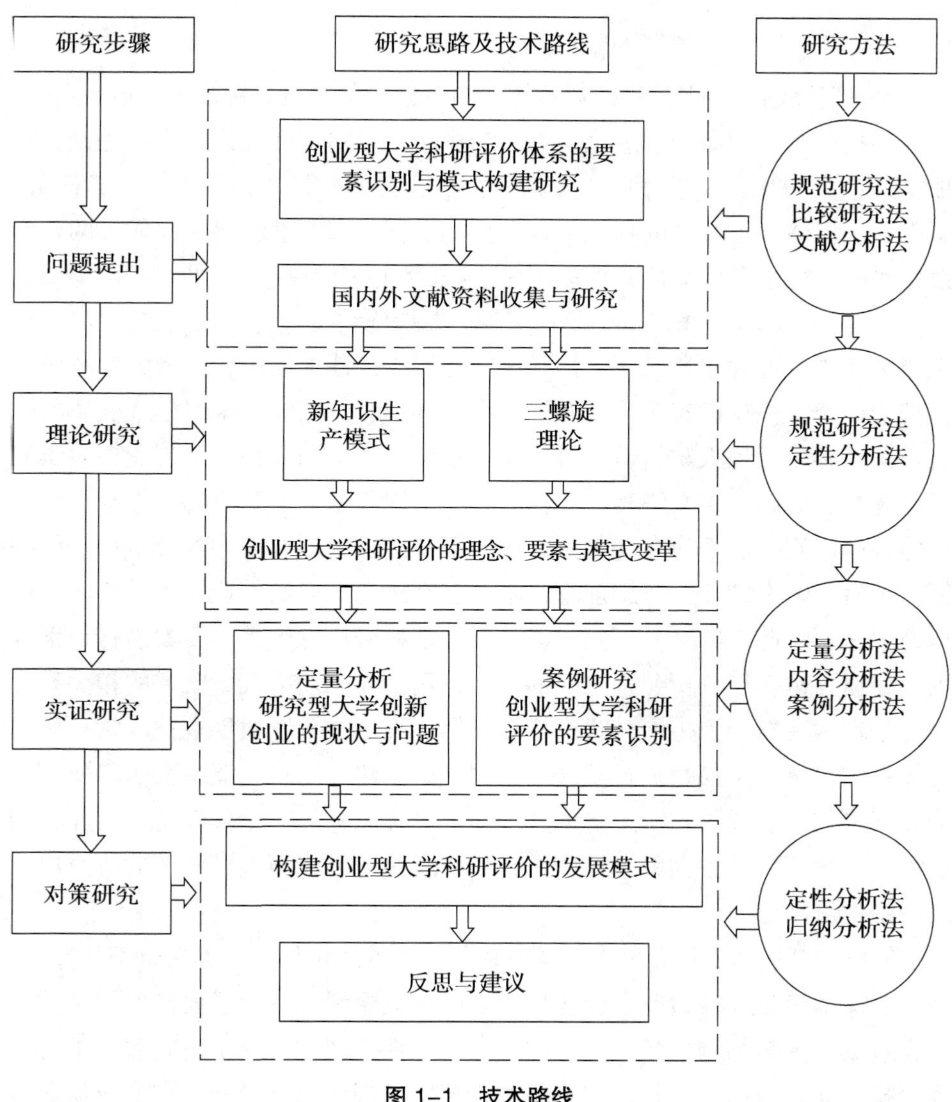

图 1-1　技术路线

第五节　预期创新点

本书围绕创业型大学科研评价体系的要素识别与模式构建这一核心主题，借鉴并拓展了相关研究的理论、方法和成果，以知识生产模式变革理论、三螺旋理论等为指导，通过应用文献分析法、案例分析法以及内容分析法等，识别并有机整合了模式的构成要素，构建了创业型大学科研评价体系的要素框架和概念模型，并根据我国国情提出了相关对策建议。

创新点一：综合知识生产模式变革、三螺旋相关理论等视角和主要观点，系统考察创业型大学科研评价体系的问题，尝试性地提出创业型大学科研评价理论框架。根据已有理论的有机整合，本书尝试从知识生产模式变革的理论视角考察创业型大学科研评价体系。首先，本书深入探讨了创业型大学兴起的背景、概念、含义。其次，本书讨论了创业型大学与研究型大学科研评价体系的区别与联系，在新的办学环境下，完善了创业型大学科研评价的特征。最后，本书结合三螺旋理论，基于已有研究，识别创业型大学科研评价体系要素。在此基础上，不但对创业型大学科研评价体系的要素进行识别与提取，而且进一步分析要素之间的互动作用。与创业型大学既有的相关研究相比，本书在新知识生产模式理论和三螺旋理论指导下对创业型大学科研评价体系的多重理论视角进行整合分析，尝试构建并阐释创业型大学科研评价的发展模式，拓展了知识生产模式变革、三螺旋等已有相关理论和研究在创业型大学科研评价方面的具体应用，形成了针对创业型大学的新的研究思路和理论视角。

创新点二：基于创业型大学科研评价体系的理论构建，本书分别从文献、案例、文本等提取并检验了创业型大学的构成要素，考量了要素的相对重要性，形成了要素结构框架，并通过多案例详细呈现和解释了研究型大学科研评价模式向创业型大学科研评价模式变革所呈现的问题导向。在形成创业型大学科研评价体系的理论分析框架基础上，提取创业型大学科研评价体系的四个要素，即评价导向、评价方式、评价内容、评价机制。本书聚焦于国内外创业型大学科研评价实践，通过呈现丰富的案例，旨在揭示不同国情背景下构建创业型大学科研评价体系的共同特征和趋势，并根据对案例内容的分析，进一步补充和完善基于文献提出的要素框架，结合案例研究结果和同行研讨情况，对要素进行修正和完善，初步构建概念模型。基于定量分析法等实证研究方法，修正概念模型。与此前的研究相比，本书应用翔实案例和实证检验方法呈现了创业型大学科研评价体系以及发展模式。

创新点三：在理论构建和实证检验基础上，本书尝试从整体上构建创业型大学科研评价的概念模型，深入挖掘并提出模式运行逻辑。基于概念模型的探讨和关键要素的提取，就各要素进行深入解读，形成创业型大学科研评价体系的整体架构，并进一步挖掘模式表象背后的深层逻辑。创业型大学的职能恰好客观地展现了知识、学科发展情况，以跨学科为逻辑起点，以问题或研究为导向，从单纯的知识、资源等组织协调层面上升到制度、利益主体等关系协调层面，最终服务和应用于国家经济社会发展。基于文献分析、案例分析、实证研究和创业型大学科研评价的概念模型，结合我国国情，本书提出了系统性完善我国创业型大学科研评价体系的相关对策建议。

第二章

文献综述

第一节　相关概念界定

一、研究型大学

1810年，柏林大学把研究与教学结合在一起，把“研教合一”作为自身发展的中心准则和根本要求。美国由于受到德国的大学发展模式的影响，也发生了一些改变，政府开始积极主动地提供研究经费和资金，专注打造科学研究型大学，1862年，《莫里尔法案》通过，这成为美国教育发展史上的一个里程碑。1900年，包括哥伦比亚大学、普林斯顿大学、康奈尔大学、哈佛大学、斯坦福大学和芝加哥大学在内的14个创始成员组成了美国大学协会（AAU）。第二次世界大战后，美国的研究型大学不论是在数量还是在质量上，都已经在世界上处于领先地位。

然而，并不是所有的大学都可以被称为研究型大学，在美国，学术界普遍以卡耐基教学促进基金会的标准来评判某一大学是否属于研究型大学。卡耐基教学促进基金会还将美国的研究型大学细分为“研究型大学1类”和“研究型大学2类”，每类都有各自的标准，这个标准会随着所处环境和分类导向的变化而适当调整。按照这个标准，以学术研究为核心，把研究作为首要任务，致力于开展高层次的研究教育并拥有充足的科研资金和高水平科研队伍的研究型大学，是一种特殊的类型，其具有特定的内涵，这是因为它需要在一些方面达到一些基本标准，包括课题的数量、研究经费、学科、专业、博士点和研究生教育规模等。

国内学者王战军认为，研究型大学是专注于传播、创造和实施知识创新的大学，能促进经济、科技进步，以及文化繁荣和国家安全。

如赵沁平所说，研究型大学拥有高水平的研究成果，致力于培养高水平创新人才，在研究和教育方面与其他大学合作。在高等教育发展过程中，国家的技术和社会生产力应满足社会需要，并跟上社会发展。

赵莉指出，研究型大学是以传承、传播、传授知识为基础，以应用知识为社会使命，以创新知识为核心任务，通过培养人才、产出科研成果、提供社会服务、传承创新国家文化、代表国家进行国际交流的高水平大学。

周守军和郑忠梅认为，研究型大学要承担一定数量的科研项目，培养一批达到最高学位水平的人才。

综上所述，对于研究型大学的定义，学术界还未形成统一的意见，大多数学者都是按照研究型大学的办学功能和基本特征进行概括。通过对以上学者的观点进行归纳总结，可以得出研究型大学是以科研为主要任务，通过深层次、全方位的学科交叉合作提升科研原创能力，培养一流人才的高水平院校。研究型大学一般具有以下特征：拥有较高水平的教师队伍和生源；具备高素质的管理者和一流的管理理念；注重研究生培养；拥有良好的研究声誉和自我管理水平；科研经费充足，科研设施齐全；承担着重点科研项目并具有产生重大影响的原创性成果；科学研究与产业之间密切结合，促进社会经济发展；具有科学精神与人文精神。

二、创新型大学

在知识经济时代，大学在整个社会发展中具有十分重要的地位和作用。创新型大学作为一种崭新的形式，其诞生于伯顿·克拉克提出的大学组织转型的五种途径理论。经济学家约瑟夫·熊彼特于《经济发展理论》一书中提出创新型大学的核心在于创新。熊彼特从技术经济结合的角度，通过解释创新技术在经济发展过程中的关键作用，表明创新是建立一种新的生产功能，是对生产系统中未包含的新事实和生产条件的生产和呈现，如新产品的开发、新市场的开放、新工业组织的创建等。尼尔森和温特这样描述了创新：现在改变决策规则。德鲁克认为，创新是通过提供能量创造财富的能力。霍默·巴内特指出，任何新的想法、新的工作或与当前形式截然不同的东西，不仅意味着科学和技术的发明，也意味着对人类社会和文化的理解和创造。

从以上观点可以看出，创新是社会可持续发展最重要的力量。创新可以不断开发新产品，在经济中获得市场价值，或创建新类型的组织，以适应科学和技术的持续发展的需要。创新的主题多种多样，旨在促进经济和社会发展。

大学作为知识和技术的制造者、接受者和使用者，是创新的主要要素之一，是科教兴国的主要力量，是创新体系的重要构成部分，旨在培养更高质量和更具创造性的人才，取得更前沿的研究成果。

杨明是我国最早关注到创新型大学的学者，他认为，创新型大学是在知识经济时代应运而生的，其把创新提升到前所未有的高度，创新型大学以创新为办学理念，以创新知识为重点，培养具有创新品质的人才，营造崇尚创新的社会氛围，践行创新教育，在学校职能、管理、财务、学术等方面进行全方位创新。浙江大学林辉、张磊认为，为了满足时代要求，创新型大学是以传统大学发展为起点，对过去的模式进行创新和借鉴的产物。创新型大学在继承传统大学各种优势的基础上，超越了简单教学功能，突破了研究型大学不顾社会需要，在“纯科学”研究上的固执，挣脱了服务型大学过分关注大学的社会功能而不是教学功能的弊端。李健认为，创新型大学是在创新基础上的大学，是研究型大学的延展。他进而提出了创新型大学与传统研究型大学的不同。李慈章、肖云龙认为，创新型大学具有组织结构、制度和行为，即创新团队、科技与经济相融、自主创新和自主创业。唐小艳将创新型大学的特点归纳为：将创新视为核心价值；将科研平台和创新团队作为动力；将产学研紧密结合作为科技成果转化的重要路径。

目前，大多数研究都是针对当前高等教育的发展和大学组织的变化而做的，这些研究试图理解这一新事物和概念的理论逻辑和基本特征。创新是大学创新的主要理念和动力，是政府体制、运行机制、公共关系经费、文化、铸造等方面的持续创新。大学创新的被认可度和质量在教学和研究文化中是众所周知的。

三、创业型大学

作为创业型大学的理论鼻祖，美国的伯顿·克拉克和亨利·埃茨科威滋[①]在20世纪末提出了“大学思维”的概念。伯顿·克拉克在《建立创业型大学：组织上转型的途径》一书中以五所大学为对象开展研究，该书提到了实施变

① 有时也将亨利·埃茨科威滋翻译为亨利·埃兹科维茨。

革的五个关键词，明确了创业型大学的形成模式。目前，许多学者在创业型大学的研究方面取得了很大的成就。陈汉聪、邹晓东认为，创业型大学以培养创新人才为基本任务，开展具有商业价值的科研活动。唐德海认为，创业型大学是指能够应对社会经济发展需求和环境变化，将知识资源加工转化为知识资本，为自身发展获得新的动力的新型大学。王雁从建立官产学新关系、外部互动机制、资金来源多样化、创新的组织结构以及创业文化等七个方面出发，提出创业型大学的七个标准。付八军则提出创业型大学的鲜明特色是能够实现学术成果的转化。不同学者所界定的创业型大学的定义及具体特点如表 2–1 所示。

表 2–1　　创业型大学定义及具体特点

代表人物	定义	具体特点
伯顿·克拉克	创业型大学立足自身优势，积极探索创新办学之道。它力求对该组织的特点作出实质性改变，以便为未来实现更有希望的局面	强大的领导核心； 加强与外界联系； 资金来源多元化； 强大的学术内核； 校园创业文化
亨利·埃茨科威滋	受到政策激励，关注从知识中获取资金。这种兴趣也促进了学术机构和企业的融合。企业对知识的兴趣总是与经济应用和收益密切相关	与工业界和政府建立新的关系； 建立技术转让办公室等各类跨境组织； 更直接地参与研究成果的商业化活动； 争取资金来源多元化； 在教学和研究中更加重视实际问题
斯拉特	创业型大学是采取一些企业运作方式的大学，通过技术转让等活动获取资金。由此可见，创业型大学是市场化的大学，尤其是对外部资金的竞争，并且斯拉特将这种大学与市场之间频繁地互动称为“学术资本主义”	课程设置更倾向于满足企业需求，与业界合作设立合作中心，通过咨询、应用研究等方式增加投入，竞争外部资金和学生，寻找新的方式，教更多的学生；通过教育销售产品和服务

续表

代表人物	定义	具体特点
王雁	提高国家和地区经济的实力，发展新的产业和政府关系，直接参与研究成果，寻求不同的资金来源并提供更多的资金，密切关注教育研究实际问题	它可以响应国家利益和目标，并在大学、行业和政府之间的合作中发挥独特的作用
马志强	创业型大学借鉴了企业文化，而不是自我依赖	积极开发面向问题的知识和应用程序； 与政府和公司建立新的关系； 不同的资金来源和教育国际化
横山惠子	创业型大学是以创业和市场为追求的大学	自主和自力更生； 创业活动有关人员应当明确风险承担和责任制度； 创业文化与学术文化的合理融合； 同一院校管理文化与学术文化的融合
赵文华等	创业型大学负责通过扩大传统教育和培训，促进发展，帮助政府和行业。创新和思想是载体。创业型大学是融合了思想文化和学术文化的新大学	管理核心领先； “政、产、学、研、用”新型关系企业组织； 资金来源多元化； 创业型学科； 技术转让； 一体化的创业文化

由学者们提出的创业型大学概念可以得知，创业型大学属于一个新的概念，它既吸收了传统大学的优点，又有别于其他类型大学。创业型大学在办学理念上更加注重以创业需求为导向，重视创业教育的开展，面对市场和社会的实际需求，营造资金来源多元化、创业文化浓厚的创业环境，推动知识成果转化和科技转移，不断催生新的产业，始终保持与政府、企业之间的新型合作关系，进而提升国家和地区的竞争力和经济实力。

四、创新创业型大学

在专注于创新的大形势下，大学需要拓展功能，因为传统的大学无法重组和连接人才培训、科学研究、文化政府和创新以及社会服务职能，不利于社会发展，更符合新时代经济社会发展特点的创新创业型大学，越来越受到国内外学者的关注。

赵中建主编的“创新创业型大学建设译丛”借鉴了《创新创业型大学：聚焦高等教育创新和创业》，该丛书主要介绍了美国鼓励创新创业的政策，并详细阐述了 11 所高校在创新创业方面进行的卓有成效的实践，为我国高校开展创新创业工作提供了有益的借鉴。

李喆这样定义创新创业型大学：创新创业型大学以科学研究和社会服务为重点，与国家和地区需求战略密切合作，关注学生创新思维的发展，致力于将知识力量转化为智力资本。在创新创业型大学学科建设中，既要发挥传统优势，又要重视基础学科创新精神的培养，还要通过社会服务来带动学术发展，强调应用学科创业能力的培养。

王凯等基于大学功能发展规律，结合创新范式转型和经济社会发展转型要求，通过整合现有大学发展概念模式以及创新创业理论和创新生态系统理论，认为“创新创业型大学”是在继承先进前沿知识后，使创新创业的“物质、能量、信息”得以有效流动，融合创新创业文化，培养创造性人才，支持技术变革、创新发展的大学。大学创新能力是指新知识生产和创新型人才培养等方面的能力，创业能力是指新知识应用和创业型人才培养等方面的能力，这两种能力的表现形态是集成而不是分离的。

杨茜认为，在功能方面，创新创业型大学和其他类型的大学相比更加注重创新能力的开发与培养，其始终将社会需求放在首要位置，注重提升与社会需求相适应的科学研究和技术开发能力，重视文化的传承与创新，这也为高校自身的创新创业管理提供了不竭动力。在本质上，创新创业型大学不同于普通的教学型大学，它既不是传统的、提供文化理论知识的大学，也不是专门培养技术型人才的专科学校，与那些注重基础研究的研究型大学相比也有很大差异。杨茜指出，创新创业型大学不仅要有较强的科研实力和深厚的学术研究背景，也需要具有较强创新能力的技术开发人才；创新创业型大学在强调基础研究的同时要更加关注科学研究和技术开发的实际应用性是否能够满足社会经济的实际需要。这类大学将研究商业化、产能化，在为经济发展和社会做贡献的同时，也能恰如其分地体现大学传统的教育教学功能，通过科学技术研究与开发的不断深化，以及对知识和文化的继承、开拓和再创新，为社会输送创新和创业型人才，肩负起促进国家和地方经济发展的重任。

在创业型大学的基础上建立创新创业型大学，既顺应了创新型国家发展的时代要求，又满足了经济社会发展的客观需求和学校自身发展的内部追求。创新创业型大学重视科学技术创新和科技成果转化，强调将学术资源转化为学术资本，注重文化的传承和创新，还培养了许多具备创新和创业能力的优秀人才，让更多的人可以自主创业，走创新发展之路，为国家和地方经济的协调发展做出了贡献。

第二节　创业型大学的典型特征

创业型大学的典型特征被一些研究者所关注，如亨利·埃茨科威滋在《三螺旋：大学·产业·政府三元一体的创新战略》、伯顿·克拉克在《建立创业型大学：组织上转型的途径》、王雁等在《抓住第二次学术革命机遇，建设中国特色创业型大学》中都提到了创业型大学的特征。

亨利·埃茨科威滋认为，创业型大学的特征体现在以下五个方面。第一，知识资本的作用是创造和传播知识，不仅是为了发展学科，也是为了应用知识。第二，创业型大学、企业（产业）、政府和其他机构相互连接。第三，创业型大学相对独立，不属于任何机构。第四，通过孵化器、科学园区和其他混合组织，商学院只能依靠其他机构来维持其自由。第五，创业型大学是“自我反应”的大学，也就是说，创业型大学需要不断调整自己，以更好地服务于国家和地区的经济、社会发展。

伯顿·克拉克认为，创业型大学的特征如下：一是有驾驭核心，能够加强自我管理，能够对权力进行集中管理；二是为满足大学发展需求，建立有专业的校外办事处和跨学科组织；三是除了政府财政拨款和研究机构补助外，创业型大学还可以通过自身的创业活动、创业实践等获取资金；

四是创业型大学重视学术研究活动的开展，学院作为基本单位，要积极改革，接受新的理念；五是一体化的创业文化，创业型大学将创业文化作为校园文化的一部分，通过影响教师、学生、其他工作人员的思想，营造创业氛围。

王雁等把创业型大学的特征归纳为七个方面：一是目标定位，创业型大学必须要把培育企业家精神和促进国家及地区经济发展当作目标；二是创业型大学要以发展高新技术和知识产业化为手段，推动自身发展；三是创业型大学建立了政府、产业和教育之间的新型关系，与政府、产业形成“政、产、教”三螺旋模式；四是创业型大学通过建立灵活的外部互动机制，积极开展产业合作，促进经济发展；五是创业型大学在办学过程中，资金来源多样，如产业资金、知识产权收入、学校服务收入等；六是创新的组织结构（主要包括国家实验室、高校产业合作中心等高校内部跨学科组织，孵化器、大学科技园等政府产业大学跨境合作机构，技术转让管理机构，如技术转让办公室或授权办公室）；七是创业文化。

在相关研究的基础上，本书结合新的时代背景和大学发展现实需求，概括了创业型大学的典型特征，主要包括管理上的引领核心、“官产学研用”的协同关系、创业型组织、多样化的资金来源、创业型学科、一体化的创业文化。

第三节　知识再生产范式的转变

大学作为社会的核心机构，其生产范式势必要适应现代转型和时代发展需要。因此，梳理和探讨当今知识生产模式的发展过程和存在的问题具有重要意义。

一、传统知识生产范式

从20世纪末到21世纪初，科学知识生产方式的变化引起了学者的普遍关注，学者试图寻找与构建一种基于新知识生产的理论，但不同学者对知识生产方式有着不同的理论概括，如常规科学、后常规科学、学院科学、后学院科学、知识生产模式 1 与知识生产模式 2 的理论等。其中，英国学者迈克尔·吉本斯等提出的知识生产模式变革理论，影响最为深刻。

英国学者迈克尔·吉本斯等在《知识生产的新模式：当代社会科学与研究的动力学》一书中，阐述了知识生产和科学研究范式的演变，提出了知识生产模式 1 与知识生产模式 2 的概念。

知识生产模式 1 具有三个基本特征：一是问题的提出和解决都是基于学术群体治理背景的，学术团体之外的利益并未被考虑到学术研究的演进与问题解决之中；二是学科实体也是学者聚集的基本组织单位，知识生产者具有高度同一性，所有的学术知识生产都是以单一学科为基础、在特定的背景下进行的，高校是模式的中心场所，质量控制主要通过同行评议进行，严格匿名；三是该模式强调个人创造的重要性，“孤独的科学探索者”是该模式下公众对科研人员的印象。

第二次世界大战后，高等教育变得流行起来，政府对大学的资助体系也发生了变化。为了更好地满足政府和社会的复杂需要，大学逐渐走上了上市的道路。大学、企业和政府之间已经建立和产生了新的关系。科学知识生产日益多元化，外部因素影响科学知识的生产。科学研究以应用为导向，跨学科研究日益普遍，科研评价体系向多维评价方向发展。

二、新知识生产范式

知识生产模式 2 由传统的、人们所熟知的知识生产模式 1 发展而来，知识生产模式 2 以解决社会问题为基础，以应用为导向，因此具有应用情境性、跨学科性、异质性和多样性、社会责任与反思性，以及质量评价多维性五大特征。

1. 应用情境性

吉本斯等提出知识生产应以应用为目标和导向，知识的生产、处理和加工是在一种应用的情境中完成的，知识由大学自内向外溢向企业、政府，弥漫至整个社会。知识生产以对社会有用为基准，现阶段的知识生产是多种因素共同作用的结果。这种知识生产对企业、政府和社会都是有效的，大学、政府和企业等利益各方不断协商，实质是一种供需平衡的进程关系。传统的知识生产以研究者探索未知和探求真理的意图为驱动力，这些知识生产在“认知情景”中进行，这类研究基本上都是纯理论性的，与社会需要相脱离。随着现代社会和市场需求的多样化，知识生产场域发生了位移，新模式不再追求“为知识而知识”，知识生产是在应用语境下进行的。

2. 跨学科性

在众多特征中，知识生产模式 2 尤其强调知识生产的跨学科性。随着科学的高度综合化，一些复杂的、重大的科学问题给个体独立开展研究工作造成了巨大的困难，新知识生产模式是问题导向，而不是传统的学科导向，仅凭单一学科知识无法解决问题，需要多学科研究者合作，整合跨学科的智力资源和知识。因此，多学科团队合作正在取代以往个人“单打独斗”的独立研究状态。知识生产模式 2 的跨学科性体现了在共同的目标指引下不同学科之间形成的一种合作活动，在此过程中以清晰的目标和动态的、实践的框架去解决问题，形成一种理论结构、研究方法与实践模式，这使知识的传播与生产具有一致性，学科、知识生产得以共同发展。

3. 异质性和多样性

一直以来大学都是知识生产的中心，随着市场化、商品化时代的到来，知识生产的渠道和途径更加广泛，大学不再是知识生产的唯一中心，除了大学外，包括产业研究实验室、私人公司、政府研究机构、非政府组织，甚至是国家或地区间的跨国企业等在内的新兴非大学组织机构，共同构成了新的知识生产组织。这种新的知识生产组织带有明显的异质性特征，这是由组成的个体之间个性特质不同所导致的，不同个体之间通过多种途径沟通交流，知识生产组织形式也呈现多样性。

4. 社会责任与反思性

知识生产模式 1 中的学术研究是学术人或学者对真理和科学的自主探索。而在知识生产模式 2 中，由于应用性、应用情境语境的场景设定，知识生产过程融入了社会责任，学术人或学者除了需要对自己的行为意义负责，还必须考虑到研究可能会给社会带来的影响，必须考虑到知识接受者可能的要求。这是由于知识生产模式 2 下的知识生产关乎公众和社会的切实利益，因此知识生产彰显出鲜明的社会责任和反思性。

5. 质量评价多维性

质量评价多维性即对研究质量的控制具有多维评价标准。在知识生产模式 1 中，主要由科学界主导的同行评议来进行质量控制。而知识生产模式 2 的“应用语境”决定了研究质量评价的应用性，除了以知识、学术价值本身作为批判标准外，还要在一个更为广泛的社会、经济或政治的宏观环境中来评价，综合考虑社会、政治和经济因素，企业、政府机构、社会公众等逐渐介入质量监控范围，由此形成一个综合的、多维度的质量控制标准。综上所述，两种知识生产模式及其特点的对比详见表 2–2。

表 2–2　两种知识生产模式及其特点对比

内容	知识生产模式 1	知识生产模式 2
知识生产的范围	在学术共同体所控制的环境	应用情境
知识生产的主体和场所	大学和专家是知识生产的中心	知识生产场所发生了转变，知识生产的主体由大学向社会弥散，产生新的知识生产组织
问题解决的情景	学科内部	学科交叉或跨学科
问题解决的路径	学科产生分化，知识促进独立研究	团队合作和协作，应用和目标导向，反思性强
质量评价的主体和标准	同行评议负责进行质量控制，判定标准是个体研究对本学科的贡献	质量评价更加综合化和多元化，除了涉及知识等，还包括社会、经济和政治利益标准

尽管知识生产模式 1 与知识生产模式 2 呈现截然不同的特征，但并不矛盾。知识生产模式 2 的知识生产者受到了知识生产模式 1 的学科规训，而知识生产模式 2 作为对知识生产模式 1 的补充继续与之并存，二者将共同促进学科的发展。学科理论在应用情境中发展，并继续运用到学科框架之外的知识发展中去。

在以扩展的知识生产模式 1 和知识生产模式 2 等为代表的知识生产相关理论基础上，美国学者开创了新的知识生产方法——知识生产模式 3，该方法更加强调公众的影响。作为知识生产和知识创新的用户群，公众与知识生产和应用高度相关。知识生产模式 3 强调突破单一学科的内在知识边界，形成一个多层次和多维度的网络知识集群，其核心概念是知识集群。

知识生产模式 3 的出现有其必然性。资源的缺乏和全球竞争的加剧是当今世界各国面临的重要问题。为了实现地方和国家经济的可持续发展，需要改变基于生产要素的传统经济模式，突出知识经济的重要作用。未来社会的发展对知识的要求越来越高，创意经济、技术创新和知识密集型社会、创新、创造力和接受力可以更紧密地联系在一起。知识生产模式 3 是一个以多层次、多形态、多节点和多边界为特征，并以联合演进、联合专属化和共同竞合为逻辑运作机理的多维、多层次协同创新系统（见图 2–1）。

知识生产模式 2 强调知识应用以及问题的解决，以三螺旋创新体系为适应场景。知识生产模式 3 的知识生产理论则是在三螺旋创新体系的基础上进一步拓展，演化为四螺旋创新体系（见图 2–2）。

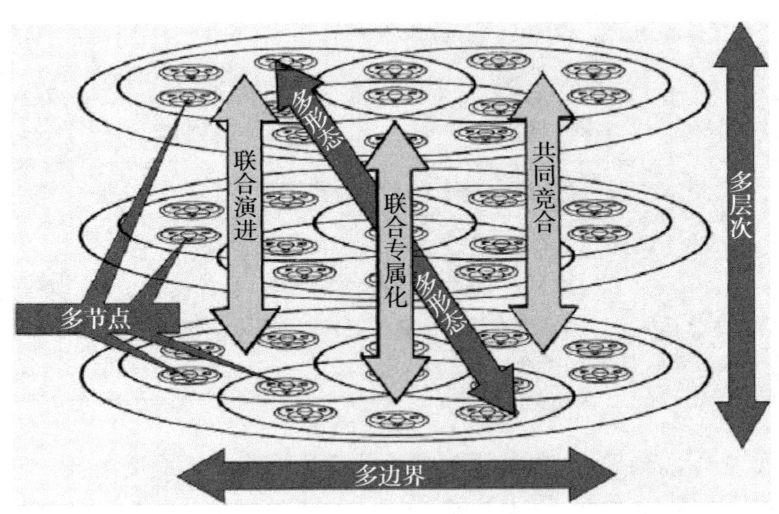

图 2–1　知识生产模式 3

资料来源：CARAYNNIS E G. Quadruple Helix and “Mode3” Knowledge Creation: Moving from tactical Fragmentation to Strategic Integration [R]. Thessaloniki, Second International Conference on Entrepreneurship, Innovation and Regional, 2009(4).

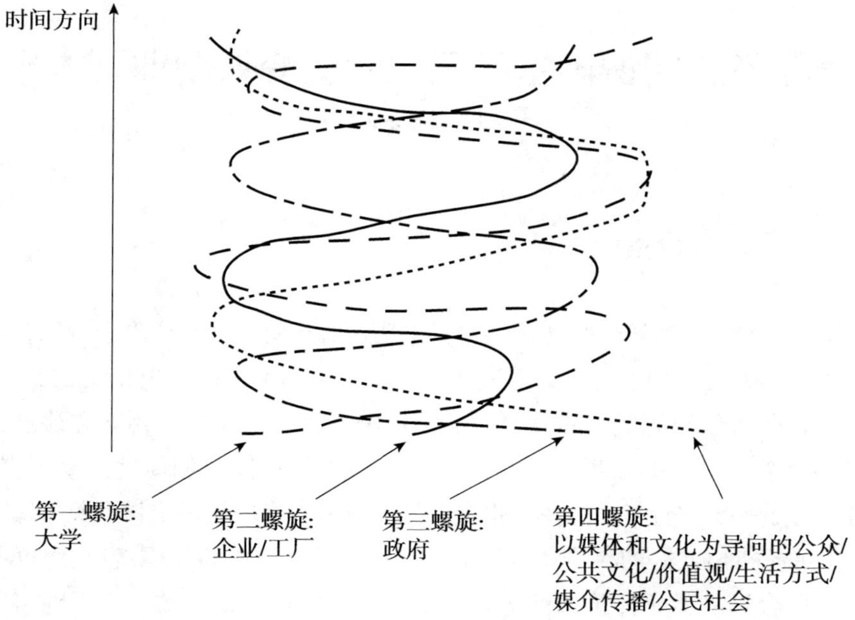

图 2–2 知识生产模式 3 的四螺旋创新体系

知识生产模式 3 不像知识生产模式 2 那样以大学、企业和政府为目标，相反，它将公民社会引入第四螺旋，知识生产是围绕共同利益、目标和价值观自发形成的集体行为，这是对科学知识生产更广泛、更包容的理解。作为第四螺旋，公共文化、价值观、生活方式和媒介传播将对多层次的知识创新体系产生影响，所以对于知识生产模式 3，知识创新理论首倡者伊莱亚斯·卡拉扬尼斯来说，第四螺旋直接指向以媒体和文化为导向的公众。

综上所述，知识生产方式的变革在知识演进中具有主导性作用，从知识生产模式 1、知识生产模式 2、知识生产模式 3 的理论沿革路径可以看出，知识的生产依次经历了知识体系，学科范式和方法，学术共同体、利益相关群体与价值导向的知识演变路径，同时，科研评价主体模式也由单一转向多维度。上述知识演变路径和学科演化轨迹实际上反映了大学科研评价模式的重组。

第四节 知识再生产范式的转变对创业型大学科研的影响

一、科研评价指标体系

总的来看，对科研进行评价主要就是通过对科研投入与产出进行比较（科研所投入的人力、物力、财力等资源与科研成果和人才的产出相比较），进而展现出科研所创造的经济和社会效益。科研评价指标体系是判断和评价大学科研能力强弱的重要依据，也是激发科研人员创造性与创新性的动力来源。学者们对于科研评价指标体系中指标的选择有着各自不同的看法和见解。

王禹超指出，好的科研评价指标体系能够真实反映科研系统存在的问题，构建科学合理的科研评价指标体系也是科研创新至关重要的一步。他将研究型大学的科研创新能力评价指标体系划分为科研创新的投入指标和科研创新的产出指标两种。其中，科研创新的投入指标主要包括研究与发展全时人员、资金合计；科研创新的产出指标主要包括出版科技著作数、学术论文合计数、获奖成果、技术转让收入和优秀博士论文数。

梁权森、彭新一采用DEA（数据包络分析）方法对研究型大学进行科研评价，他们将科研评价指标分为投入指标和产出指标。投入指标主要包括人力投入数量、人力投入质量、财力投入、物力投入和学术资源投入五项；产出指标主要包括人才培养数量、人才培养质量、科学研究和学校声誉四项。此外，每项还包括一些更为细化的指标。表2–3为梁权森、彭新一所建立的研究型大学科研评价指标体系。

表2–3　　梁权森、彭新一的研究型大学科研评价指标体系

投入指标	人力投入数量	专职教师；与研究相关的全时人员
	人力投入质量	教师中具有博士学位的人数比例；教师中具有正高级职称的人数比例；两院院士；长江学者；新世纪优秀人才
	财力投入	事业支出
	物力投入	固定资产总值；教学科研仪器设备总值；图书藏量

续表

投入指标	学术资源投入	博士学位授权点；国家重点学科；国家重点实验室；国家工程研究中心及国家工程技术研究中心；国家人文社会科学重点研究基地
产出指标	人才培养数量	折合在校生人数
	人才培养质量	学生成果： “挑战杯”竞赛获奖情况；数模竞赛获奖情况；优秀博士学位论文；本专科毕业生就业率 教学投入质量： 生师比；生均教学科研仪器设备值；生均图书量；每千名学生拥有正高级职称教师数量；国家精品课程数量；国家级优秀教学成果奖
	科学研究	《中国大学评价》“科学研究”一级指标得分
	学校声誉	网大《中国大学排行榜》中的“声誉”指标得分

科研评价指标体系要客观、公正，并与自身的实际情况和特点相结合，此外，对于评价指标的选择也是至关重要的。指标的合理选择能从不同角度反映和分析被评价的对象，是实现评价目标的重要手段，评价指标也是整个评价系统的关键。以上学者在指标的选择上有很大的相似性，这为我国建立创业型大学科研评价指标体系提供了参考和借鉴。因此，创业型大学在构建科研评价指标体系时应该遵循可操作性、方向性、全面性、公平性原则，立足于创新创业型大学的使命和特征，选取明确的、具体的指标，同时指标的选择并不是一成不变的，要根据经济社会的发展不断调整，使其能够永葆先进性和可持续性。

杨茜拟定的创业型大学评价指标体系，其中一级指标包括投入指标和产出指标（创新人才指标、创新科技研究指标、产学研成果指标），二级指标是在参考了一些评价体系指标的基础之上基于创新创业型大学的定位和职能来选取的，投入指标、创新科技研究指标、产学研成果指标分别包括了 6 个二级指标，创新人才指标包括 7 个二级指标。从表 2–4 可以看出，投入指标与产出指标所占比例存在较大差异，投入指标占总体的 30%，而产出指标占比达到了 70%，但二级指标并没有设置相对应的权重，杨茜表示，在接下来的研究中会将二级指标所占的权重纳入考虑的范围，并不断完善和细化相关的指标。

表 2–4　　杨茜的创业型大学评价指标体系

一级指标		权重（%）	二级指标
投入指标		30	1. 师资水平 2. 生均固定资产经费 3. 年教育经费增长比率（包括校年生均实践活动经费支出比率） 4. 教学、科研、生活用占地建筑面积 5. 图书馆藏书总保有量 6. 财政生均经费总拨款
产出指标	创新人才指标	25	7. 市级及以上各类创新创业型大赛奖项获得总人数 8. 硕士及以上培养比例 9. 市级以上重大课题参与人数 10. 毕业生就业率 11. 自主创业人数占毕业生比例 12. 校友捐赠数 13. 省以上创新团队
	创新科技研究指标	20	14. 师均省部级以上课题完成总数 15. 师均各类论文发表数 16. 师均地市级以上科技奖项获得总数 17. 师均转化实施的科技成果数 18. 国家工程研究中心数 19. 协同创新中心
	产学研成果指标	25	20. 师均占有横向科研经费 21. 师均专利出售当年实际收入 22. 校企联合培养人数 23. 年科技成果收入增长率 24. 自主衍生产业销售总额 25. 学校声誉

二、知识生产模式转型使科研呈现的新变化

知识生产模式转型，使科学研究受到新知识生产模式的影响，呈现许多变化和特点，主要包括以下几方面：

第一，知识生产的语境化使科学研究越来越依赖于语境，强调知识的效用。随着科学研究地位的日益提升，许多大学开始依靠科学研究来获得良好的

声誉，研究者也将那些面向国家和社会需要的研究作为关注的焦点，这些研究往往是以科技相关政策作为指引并拥有强大的科研技术和资源的，强调知识的应用是研究中一个明显的趋势。在许多科学专业领域进入导向阶段的过程中，科学研究越来越依赖于国家和社会的语境，这是知识生产向既定目标迈进的新趋势。一些相对基础的科学知识逐渐应用到实际问题中，科学研究在为国家研发系统的不断创新发展提供强大动力的同时也为社会经济的发展带来了巨大的财富。知识生产的情景化一直以来都面临许多谈判、沟通的问题，直到所有相关人的利益都能和解才终止，而且在一开始的时候知识生产就被赋予了效用性很强的高期待。知识的效用性已经成为科学研究重要的评判标准。

第二，知识生产的集体性和跨学科性使科研成为一种集体的、团队的活动。

新科学的产生更多的是跨学科模式，不同学科之间的交流与合作越来越深刻。知识的产生从来都不是单独的，它总是涉及其他因素。科学研究需要不同部门之间协作，是一种集体的、团队的活动。

第三，知识生产的主体多元性、多样性使科研协同成为一种新的研究范式。

知识产业的迅速发展，带来了知识类生产场所的出现和从事知识类工作员工的增加，大量新兴的知识机构正在涌现，许多更彻底的变化正在发生。与此同时，学科发展的结构化、知识生产的多样性要求建立有助于科学研究的组织。

第四，知识生产的社会责任性使研究者更加关注后果。

知识生产的主要目标就是服务经济社会发展，而在发展过程中人们更多地将关注焦点放在科技发展给公众利益带来哪些影响上，并开始重视这种影响的产生。由此，知识生产的社会责任感不断增强，研究者除了要关注研究本身，还要对其造成的后果给予一定的重视。生产过程中的社会责任感使研究者在面对得出的研究结论甚至是选择研究问题及对象时，不得不表现出高度的敏感性。

第五，知识生产的杂合式质量控制使衡量科研的指标越来越高。

现代知识生产的质量标准更加严格，除了要满足科学研究自身的标准，还要满足那些给予科研经费的资助者们的质量要求，这将导致知识生产的质量既受到科学的控制又受到市场的控制。科学研究始终将自身的独立性作为研究的基本原则，与市场之间一直保持一定距离，但有一些与市场需要相关的研究则需要和市场维持紧密联系，因此在兼顾科学研究自身发展需要和市场要求的情况下，科研的质量标准日益提高，质量控制也越发复杂。研究者为了更好地获取资助，必然要与不同的验收人进行讨论、沟通，以选择最能够满足各自质量目标的合作者，不同的验收人都有各自不同的标准来对研究质量进行查阅和检验，科学研究需要满足不同“顾客”的需求。知识生产的跨学科性质和参与主体的异质性使知识生产方式开放合作成为可能。在知识生产过程中，不同的参与者根据自身的社会责任和利益需求围绕实际问题的应用情况，反映出对所需知识的具体要求。在整个科研发展过程中，知识生产方式的变化产生了非常重要的影响。

三、知识生产模式对创业型大学科研评价的影响

随着知识生产模式的转变，创业型大学的科研评价也随之发生了新的变化。李志峰等基于知识生产模式 2 应用情境性、跨学科性、异质性和多样性、社会责任和反思性、质量评价多维性五个特征，分析了知识生产模式对大学科学研究理念、方式、组织、评价方式以及选择的影响，在一定程度上为本书研究新知识生产模式对创业型大学的影响提供了理论支撑。目前，在知识生产模式转型的背景下，我国创业型大学的科研评价也在不断发生着转变，主要包括以下五个方面：

1. 科学研究由兴趣驱动转变为任务驱动

知识生产模式转型后，创业型大学改变了以往大学所遵循的“以知识为知识，以学术为目的”“象牙塔”理念，因为这些理念很难真正满足社会经济发展的实际需要和大学自身生存的需求，并且开始呈现开放性的新特征。虽然对于许多国家而言，高等教育的大部分科研资金都是来源于政府的支持，但是从自身科学研究系统来看，除了需要政府出资，还要不断寻找其他的经费来源以完成科学研究，为此，科学研究不得不主动去适应经济社会发展的实际需要。当前社会背景下，科学研究的理念已经从兴趣驱动转向任务驱动。“为社会需求而科研”的理念正在深刻影响着“为科研而科研”的价值追求。

2. 科学研究的方式由独立研究转变为主体协同

衡量知识产生价值的高低主要是看其是否具有独创性和创新性，但是随着科学研究的日益复杂和研究规模的不断扩大，以个人为主的独立研究变得越加难以开展，主体协同、合作发展逐渐成为创业型大学研究者新的研究方

式。随着任务驱动的知识生产模式的出现，作为独立活动而存在的知识生产越来越少出现。因此，在现实面前，大学以及社会其他类型的学术组织不得不放弃知识生产的垄断地位，用主体协同的新方式来代替封闭的科学研究方式，通过形式、职能的进一步拓展和组织协调的多元化，达到促进自身生存和发展的目的。主体协同成为科学研究的重要研究方法。

3. 科学研究由单一学科转变为跨学科

传统大学的科研通常局限于单一学科领域，在组织上通常是各学科各成体系，组建团队，独立开展课题研究。这种内生性的大学学术组织主要以学科或专业为中心组织活动，这不利于知识和科学技术的发展。而在复杂的社会情境下，面对国家和社会的需要，知识生产模式的转型改变了传统单一学科的知识构造，外生性的跨学科科研组织开始形成，这种组织强调多学科的融合和联系，因此人才得以流动，知识更加灵活，资源配置更加合理，与传统的知识生产组织相比更具优势，更能提高科研效率和效益。但对于一些大学而言，要想真正建立跨学科知识生产组织，就必须重构以单一学科为中心的科研组织，打破学科间的樊篱，重新整合组织的各项资源，这也为复合型人才的培养、跨学科研究成果的创造奠定了基础。因此，大学科研体制机制创新成为促进跨学科组织变革的前提和基础。

4. 科研评价方式由同行评议转变为科研利益相关者评价

对科研进行评价是为了对科研经费的分配和使用更好地进行问责，从而提高科研质量和水平。许多传统大学都是通过同行评议的方式来保证科学研究质量，但知识生产模式转型后，科学研究的跨学科发展、主体的异质性和多元性、应用情境性、社会问责性等趋势使得研究者面临不同的质量标准，受到不同主体的控制。科研质量控制标准的多样性使高校科研评价由同行评议转变为科研利益相关者评价。

5. 科学研究转而以经济社会发展为中心

科技社会问题的错综复杂使跨学科研究建立在经济社会的实际需要基础之上，在此情境下，科研工作者不再无视价值的影响，他们开始对自己研究成果的价值越来越敏感。政府作为高校科研规模最大、最重要的支援，其政策在很大程度上影响着高校科研的理念、方向、方法和目标，知识生产模式的转型迫使科学研究的导向从个人的兴趣爱好转向国家社会的实际需要，科学研究不断服务于经济社会发展，为国家社会创造更多财富。

知识生产模式的转变打破了学科的界限，极大地拓展了知识生产的功能，提高了科研的地位。科学研究逐渐由以兴趣驱动为主转向以任务驱动为主，同时，为了找到除政府外的其他科研经费来源，创业型大学不得不主动服务于经济社会发展的实际需要。在此过程中，研究者们在进行自身研究的同时还要关注科学研究给社会带来的影响及后果，并且知识生产越来越难以作为封闭、独立的科研活动，而是趋向于多主体协同、合作发展的新科研方式。由于科研评价不再以单一学科为中心，更加注重外生性、跨学科科研组织之间的交流与融合，所以知识生产也更具灵活性和多样性，科研质量的评价方式也由同行评议转向多元评价，科研投资者的质量标准逐渐成为科学研究的“指挥棒”。

第五节　国内外研究创业型大学科研评价的主流理论、热点与趋势知识图谱

一、国际上研究创业型大学的主流理论、热点与趋势知识图谱

1. 国际上研究创业型大学的主流理论知识图谱

在 WoS（Web of Science）数据库中，以检索式“Topic=（entrepreneurial university），入库时间 = 所有年份（实际检索到的文献为 2000 年 1 月 1 日至 2021 年 12 月 31 日），数据库 =SCIE（科学引文索引扩展版），SSCI（社会科学引文索引）”检索，选取的文献类型为 Article，共检索到 535 条英文记录。

知识图谱可视化方法能够客观、形象地展现前沿领域的全貌、亲缘关系和演化规律。其在掌握学科发展趋势、选择研究方向和辅助科技决策方面发挥了重要的作用。本书主要使用 CiteSpace 软件，结合 Bibexcel、Ucinet 软件绘制创业型大学知识图谱。

第一，基本情况概述。

文献发表总量与趋势：20 世纪 80 年代末国外已出现与创业型大学直接相关的研究，并在 20 世纪 90 年代末尤其是进入 21 世纪后呈现增长态势，2000—2014 年文献发表量增长缓慢，到 2015 年又开始大幅度增长，到 2021

年达到高峰，整体而言呈现逐渐上升的状态（见图 2-3）。

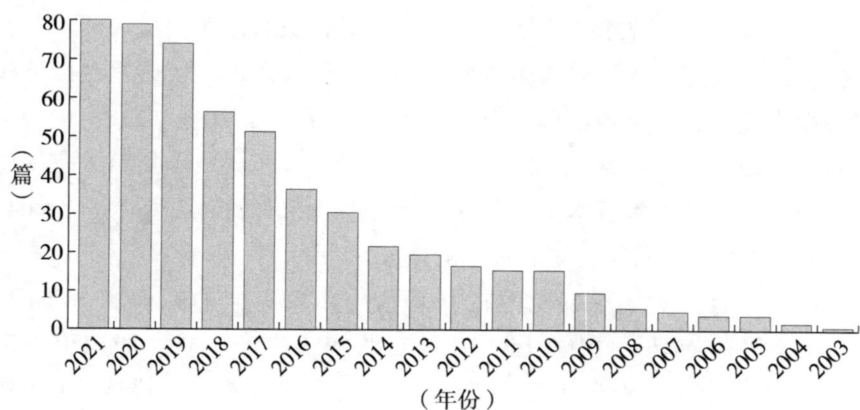

图 2-3　2003—2021 年国际创业型大学研究发文量

研究创业型大学的主要国家（地区）如图 2-4 所示。从国家（地区）分布情况来看，高水平研究成果最丰富的是美国，约占论文总量的 17.508%，其次是英格兰、意大利、西班牙和德国，这 5 个国家发表的论文总数超过了总数的一半。在联系数量、中心度和被引次数方面，英国和美国占据着国际研究的核心地位。美国和英国不但在高校的研究方面取得了高度成功，而且在国际合作方面其行为也有很强的借鉴意义。值得一提的是，截至 2021 年 12 月 31 日，中国在世界著名报纸上共发表了 105 篇关于大学创新创业思维的文章，并与多个国家进行了联合研究，说明中国逐渐重视起对创业型大学的研究。

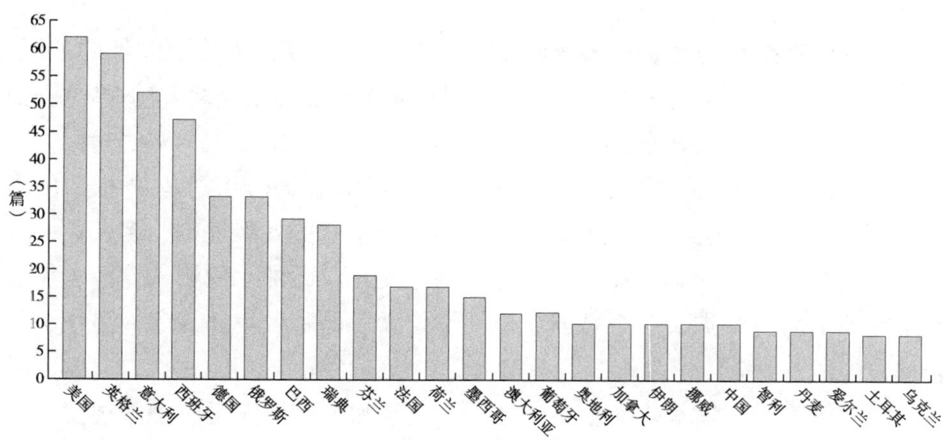

图 2-4　国际创业型大学研究国家分布

第二，国际上创业型大学研究的主流理论知识图谱。

借助科学知识图谱方法，使用 CiteSpace 软件进行基于引文和文献共引的聚类分析，可以探寻该研究领域关键人物及其代表理论。研究发现以下作者及其关键文献，有着重要作用：吉本斯提出了新的知识生产模式；伯顿·克拉克向我们展示了创业型大学的五条转型路径；埃茨科威滋贡献了三螺旋理论；斯劳特围绕“学术资本主义”这一核心概念来讨论创业型大学，而且对创业型大学更多的是投以怀疑和批判的眼光。

1994 年，迈克尔·吉本斯等在其著作《知识生产的新模式》（*The New Production of Knowledge*）中提出了一种新的知识生产模式，即知识生产模式 2。知识生产模式 1 基于主题，研究问题由学科本身提出和描述，研究结果由学科同行描述。知识生产模式 2 不同于知识生产模式 1，是多学科的，因此无法确定它在某个主题上的成功程度。

埃茨科威滋早在 1983 年就发文论述了美国学术界的创业科学家与创业型大学，1989 年，其对学术界的创业型大学的模式转换进行了研究，通过国际三螺旋大会的开展，不断深入对创业型大学的研究。1995 年，埃茨科威滋等提出“三螺旋”（Triple Helix）。三螺旋是一种更新的模型，它以各种方式在大学、企业和政府之间提供信息和合作机会，同时保持各自独立身份。此外，埃茨科威滋于 2005 年指出创业型大学是三螺旋的推进器，在三螺旋形成过程中起着十分重要的作用，埃茨科威滋在书中给出创业型大学模式的四个标准，即知识资本化、相互依存、相对独立、混合形成和自我反应。

伯顿·克拉克把对创业型大学的研究视角主要放在了美国以外的地区，特别是欧洲，同时也关注非洲、拉丁美洲和澳大利亚的创业型大学发展情况。1998 年，克拉克在其出版的专著《建立创业型大学：组织上转型的途径》中追溯了欧洲 5 所大学的发展轨迹，并从这 5 所大学的转型过程中总结出来“组织转型的五种途径”：强有力的驾驭核心、拓宽的发展外围、多元化的资助基地、激活的学术心脏地带、整合的创业文化。此外，伯顿·克拉克还有两个重要的研究观点，一个是创业型大学是大学的一种集体现象，另一个是管理价值的发挥需以学术价值为基础。

斯劳特等在《学术资本主义：政治、政策和创业型大学》中阐述了“学术资本主义”这一术语，“学术资本主义”指机构和教授为在市场上获得外部款项开展的活动。他们认为，创业型大学是在变化的环境中采用企业运行方式的大学。

2. 国际上研究创业型大学的热点知识图谱

使用 Bibexcel 软件对国际上研究创业型大学的文献关键词进行计量分析，共提取到关键词 549 个，总词频数为 780 次，每个关键词出现频次为 1.4 次。对关键词进行标准化处理，使用 CiteSpace 软件进行分析，形成以关键词为主题的国际上研究创业型大学的热点知识图谱。

（1）1999—2000 年国际上研究创业型大学的热点（见图 2-5）

20 世纪 90 年代，研究热点主要有管理、创新和科技型创业，其他的有工程教育、生物技术等。

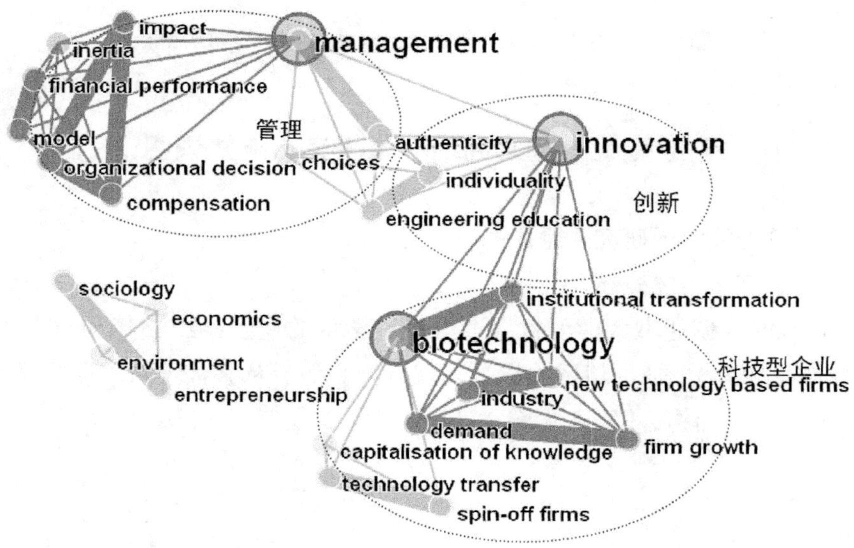

图 2-5　1999—2000 年国际上研究创业型大学的热点

（2）2000—2021 年国际上研究创业型大学的热点（见图 2-6）

21 世纪，知识和创新成为科学研究的主要对象。大学、创业大学和创新、商业大学是社会知识经济力量的关键。地区和国家更加重视教学和研究过程中的实际问题，重视知识资本化。强调企业家开拓精神的创业型大学与政府等其他机构紧密互动，绩效、产业、创业、衍生企业创造、知识产权保护等研究热点与研究者日益关注的问题直接相关。

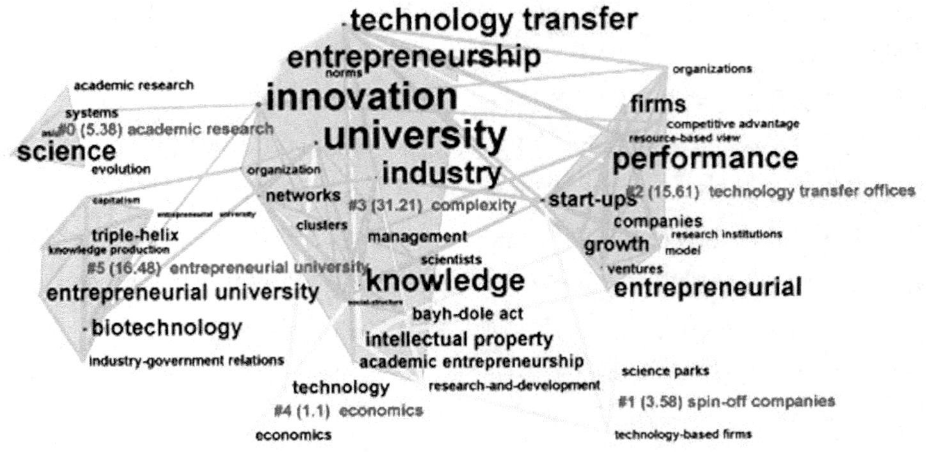

图 2-6　2000—2021 年国际上研究创业型大学的热点

二、国内创业型大学的研究现状与研究热点知识图谱

1. 对创业型大学研究主题的关注情况

第一，基本情况概述。

自 2000 年创业型大学的概念渐渐走进学术的视野，2012 年和 2015 年均出现一次研究小高峰，随后关注量呈现下降趋势，从整体上看，国内学者对创业型大学的关注度不高（见图 2–7）。

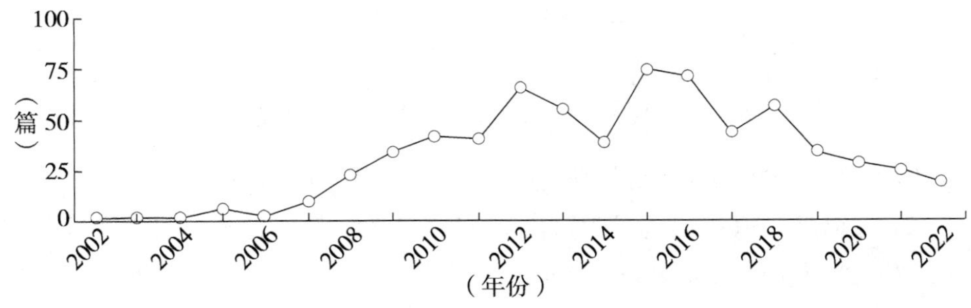

图 2–7　2002—2022 年国内创业型大学研究发文量

通过 CiteSpace 软件分析，绍兴文理学院的相关发文量是最多的，付八军是目前研究创业型大学发文量最多的学者（见图 2–8）。

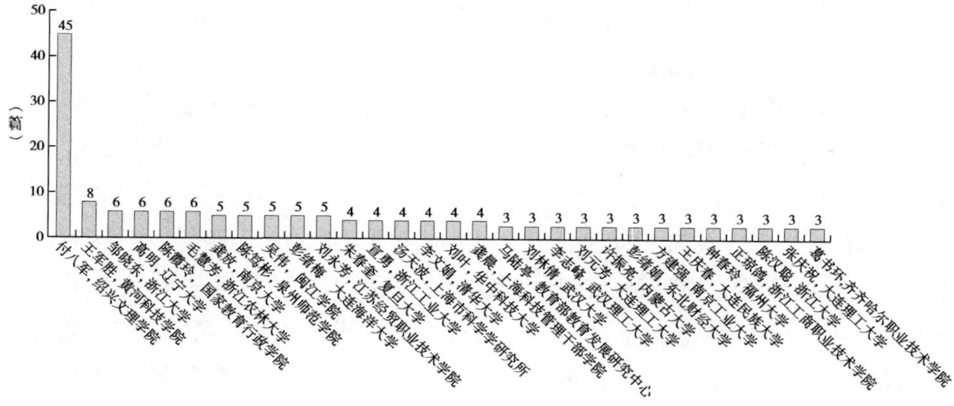

图 2-8　2000—2021 年国内创业型大学研究机构

根据已有资料分析，正如一些学者所认为的那样，除了介绍伯顿·克拉克教授和埃茨科威滋教授的研究成果，中国对创业型大学的研究很少。

第二，国内创业型大学研究的主流理论知识图谱。

目前，国内对创业型大学的研究主要集中于通过翻译国外学者的相关著作进行引导性研究。国内学者很少写自己专门研究创业型大学的著作，大多以期刊论文形式对创业型大学进行研究。具体可分为以下几种：

一是翻译或综述国外研究成果。伯顿·克拉克的《建立创业型大学：组织上转型的途径》经翻译后引进出版；埃茨科威滋等的作品也相继引进。围绕这些经典理论，早些年高教界做了一些理论介绍，如洪成文的《企业家精神与沃里克大学的崛起》，是国内关于创业型大学较早的文献；张宝蓉在《从萎缩到发展：创业型大学的崛起——伯顿·克拉克〈建立创业型大学：组织上转型的途径〉述评》中对克拉克的理论进行了概述；付淑琼在《大学进取与变革的路径——论伯顿·克拉克的创业型大学观》一文中较为清楚地区分了几种不同类型的创业转型途径；也有一些学者对创业型大学研究做了综述。

二是价值判断。早前的价值判断主要围绕哪个层次的学校适合转型为创业型大学展开，而且前期理论倾向较为明显，大家普遍认为研究型大学更适合转型为创业型大学。王雁通过对美国的研究型大学进行分析，认为创业型大学具有企业家精神，她同时对我国院校做了一些政策建议。近年理论倾向较为多元，如钱佩忠、翁默斯提出“创业型大学不是研究型大学的专利，但也不是所有大学的共享模式”的观点。宣勇、张鹏对创业型大学的办学精神、组织管理、人才培养、科学研究与社会服务都进行了清晰的判断。

三是对创业型大学的转型途径进行探索。除了对国外研究成果的引进以及对创业型大学的价值判断，国内学者也较多地将研究聚焦于转型实践。一方面，一部分学者仍然广泛关注国外大学的成功经验，如燕凌、洪成文以新加坡南洋理工大学为例，对创业型大学的实施战略进行了研究，吴伟等以慕尼黑工业大学为例对德国研究型大学的转型途径进行了探索。另一方面，一些学者在经验研究的基础上提出了转型对策，如邹晓东、陈汉聪从发展愿景、组织目标、组织机构、运行机制、资源配置、组织文化六个方面对创业型大学的发展提出了有指导意义的对策建议；张鹏、宣勇则专门提出学术运行机制的变革应当围绕学科、任务与平台展开，应构建基于学科、面向任务、整合资源的矩阵型组织结构。

2. 国内创业型大学研究热点

如图 2–9 所示，国内创业型大学研究热点主要集中在研究型大学、创新型国家、三螺旋空间、技术转移等方面，它与我国的国家发展战略挂钩，并致力于尽快建设世界一流大学。“研究型大学”这个关键词的出现，实际上表示我国大学开始注重研究型创业。总的来说，我国有一些本土研究，但目前的研究主要是西方科学家观点的呈现。我们迫切需要改变理论和地方实践，因为这关系一个创新型国家的国家发展战略。

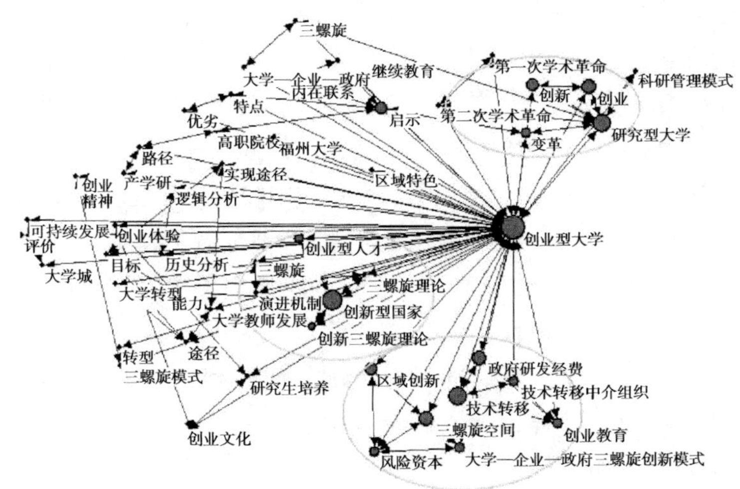

图 2–9 国内创业型大学研究的热点（1991—2021 年）

第六节　研究现状述评

一、已有研究文献为进一步研究创业型大学奠定了良好基础

一是出现了一大批有影响力的学者，他们开展研究并达成共识。学者通过不同的视角研究创业型大学，形成了相关领域的基本概念。

二是形成了以定性（个案）方法为主的研究方法。学者深入剖析了典型的创业型大学的变革原因和特征，但研究领域较多地局限于欧洲、美国等发达国家和地区，缺乏对于欠发达和发展中国家和地区的研究。

三是形成了较为成熟的理论。例如，“知识生产模式”和“学术资本主义”有助于大学项目发展。“改变组织的五种方式”“稳定的变革力量”提供了一种以大学为中心的项目转变方式。

四是目前的研究结果表明，大学研究在企业中学习的重要性。国内创业型大学的研究重点集中在研究型大学、创新型国家、三螺旋空间、技术转移等方面，呈现新的研究局面。

对于我国教育界来说，创业型大学是一种舶来品，我国学者对创业型大学的研究随着全球化进程的加快开始涉及其他领域，由国内创业型大学的研究热点可以发现，国内的学者分别从大学与区域经济、知识生产方式、技术转移及大学内部创业教育及创业课程设置等角度来开展创业型大学研究，但没有形成本土化的理论框架，目前仍处于探索的初级阶段，探索创业型大学的本土化发展之路任重道远。

总之，针对创业型大学的研究主要集中于发达国家和地区，而且缺乏对创业型大学的科研评价模式、发展模式和典型特征的系统研究。相关学者对创业型大学进行了系统、深入的研究，为本书进一步研究创业型大学相关问题奠定了良好的基础。

二、已有研究有待完善之处

已有的研究文献为进一步研究创业型大学奠定了良好基础，但仍存在不足。

概念上：创业型大学的内涵与特征有待进一步完善。

理论上：创业型大学的理论基础有待进一步验证和完善。目前国内不少企业家以组织转型五种方式作为创业型大学研究的理论支撑，而对组织可持续变革的系统动力学关注甚少；在“学术资本主义”的理论支撑下，创业型大学逐渐从宏观角度出现，但从微观角度研究创业型大学的学者较少；基于三螺旋理论开展相关研究的学者较多，但对其内部组织结构和运行机制体系的研究较少。

研究方法上：现有研究中定量研究占比较小，且案例研究集中在发达国家。

研究内容上：目前的研究中尽管有学者关注到了研究型大学的科研评价问题，但对于创业型大学的科研评价却鲜少有人涉及，对创业型大学变革中的发展模式等问题的研究也比较少。

有鉴于此，本书围绕“创业型大学科研评价体系的要素识别与模式构建”这一核心主题，借鉴并延展了相关研究的理论、方法和成果，以知识生产模式变革理论、三螺旋理论、学术资本主义等思想为指导，通过应用文献分析法、案例分析法、内容分析法等，识别并有机整合了模式的构成要素，构建了创业型大学科研评价体系的要素框架和概念模型，丰富了创业型大学的相关理论研究，并根据我国国情针对模式的运行情况提出了相关对策建议，为探索我国大学的发展模式、争创世界一流大学与建设创新型国家提供借鉴。

第三章

理论基础

第一节　创业型大学科研评价变革的理论基础：知识生产模式的转变

当社会发展到一定程度，形成一个较大的社会规模后就需要出现相应机构来传递人类在漫长的历史时期沉淀下来的深奥知识，对现存知识进行分析和批判，并在此基础上不断攀登学术高峰，拓展新的领域。这就意味着大学会出现在需要人们进行理智分析、鉴别、阐释或关注的地方。作为储存知识、传播知识的重要场所，大学从诞生之日起就与知识结下了不解之缘，在大学内，学生的学习和教师的教学都围绕知识这一关键词进行，而大学又通过知识这一要素与外界建立关系，通过相互的合作交往来实现其外部的公共性。从中世纪的大学到以柏林洪堡大学为代表的研究型大学，再到现代的创业型大学，大学在不同时期有着不一样的存在形式，知识范围不断扩大，边界不断拓展，知识生产的模式随着大学的发展而不断变化。

一、知识生产模式转型

何为知识生产模式转型？知识生产模式转型指的是对知识生产这种复杂性实践活动在发展过程中产生深刻而全面的变革的描述或认知。具体而言，知识生产模式转型指随着外部社会环境变化，知识生产模式将发生变革，由一种形式向另一种形式转变。

对于知识生产模式转型问题的研究始于第二次世界大战之后，从 20 世纪末到 21 世纪初，科学知识生产方式的变化引起了学者的普遍关注，学者试图构建一种基于知识生产的新理论，先后提出了“大科学与小科学”“知识生产模式 1、知识生产模式 2 与知识生产模式 3”“学院科学与后学院科学”等理论。在上述关于知识生产模式转型的理论中，知识生产模式 1、知识生产模式 2 和知识生产模式 3 对高等教育发展产生了深刻影响，并由此引发学者的重视和讨论。

现代学界普遍认为，从威廉·冯·洪堡建立柏林洪堡大学以来，大学的知识生产模式经历了三个发展阶段，即从知识生产模式 1 到知识生产模式 2，再到知识生产模式 3，这已经成为学者的共识。对于知识生产模式 1 和知识生产模式 2 的划分，最早由吉本斯等在《知识生产的新模式：当代社会科学与研究的动力学》一书中提出，在这本书中，作者将知识生产模式分为知识生产模式 1 和知识生产模式 2，书中分析了两种模式的过渡机制、理念和实践方式，并且对于如何制定新的科学政策以应对新的知识生产方式提出了自己的见解。

1. 知识生产模式 1

追溯知识生产方式的变迁过程，不可避免地会将现代大学的发展与第一次学术革命联系起来。现代大学起源于中世纪，最开始，大学主要是教师和学生的联盟，负责传播新的宗教思想和培训少数专业人员。直到 1810 年，威廉·冯·洪堡建立了柏林洪堡大学的前身柏林大学，以该大学为代表的研究型大学将科学研究作为大学的核心任务引入大学，强调教育与科研统一、学术自由，由此产生了第一次学术革命。在倡导教学与科研相统一的第一次学术革命下，大学成为科学研究的学术殿堂。这一时期，基础研究与应用研究呈现二元分离的状态，知识生产基本"笼罩"于单纯的学术语境之中。因而，知识生产模式 1 的知识创新是线性的过程，具体表现为大学主要负责基础研究，相关中介组织进行应用研究，企业负责试验开发，以最终实现知识的商品化。

知识生产模式 1 是以学科为基础的知识生产模式，主要的研究对象是制度化的学科知识。在知识生产模式 1 下，大学是知识生产的唯一提供者，其主要功能是提供基本教育和技能训练，正因为这时的大学被认为是提供知识的唯一场所，大学自然而然地被视为促进公众长久利益、增进知识主体研究的唯一承担者。知识的合法性体现在教学和科研的统一上，教学和科研活动都是为了追求所谓的"真理"，大学作为知识生产的场所，其与社会是脱离的，这在客观上导致了科研和社会利益的脱节。在知识生产模式 1 下，研究者将知识视为他们的财产，知识生产在大学内部进行，而不与社会产生关系，所以人们将这种知识生产模式下的大学教育称为"象牙塔"式的教育。

知识生产模式 1 孕育了一种新的大学模式，即研究型大学。但是，知识生产不仅仅是为了促进知识本身的发展，随着知识经济时代的到来，大学的知识生产开始和社会经济发展相联系，知识生产模式 1 之所以陷于困境，是现代社会的功利性导致对知识效用的渴求，以及陷入机械主义本体论、理性主义认识论的局限使原本的知识生产模式难以适应现代社会发展的新要求。

首先，随着现代科学的快速发展，学科的建构模式已经发生根本转变，科学研究不再局限于单一的学科内部，只有打破学科壁垒，才有助于学科之间的整合。而在知识生产模式 1 下，学科间相互分割，彼此封闭，因此在解释复杂的社会问题时难免局限于单一的学科知识，分析结果过于片面。其次，20 世纪以来，科技成为各国发展的重要手段，科技引领发展成为共识，随之而来的是对大学科技成果转化的迫切需求，知识生产更加注重知识的实用性，强调知识能够产生经济效益。知识生产模式 1 下，知识研究和社会脱节，研究者主张"为知识而知识"，不考虑社会和市场的需求，独立于社会和经济发展之外。因此，在这种背景下，知识生产模式 1 已经不再适应现代社会。

基于种种局限，知识生产范式必然会发生新变化，传统的知识生产模式 1 开始向知识生产模式 2 转变，与此对应的是，知识生产模式 1 下产生的研究型大学伴随着知识生产范式的变化开始转变为创业型大学。

2. 知识生产模式 2

到了 20 世纪中后期，随着经济全球化、高等教育市场化、高等教育大众化和大学经费短缺等一系列内外部环境变化，高等教育为了维护自身的发展进行了一系列变革，引发了第二次学术革命。比较典型的表现是美国的研究型大学开始向创业型大学转型，此后大学在原本的教学、研究、服务之外承担起经济发展的职责，比如，20 世纪 20 年代麻省理工学院开始创立公司，20 世纪 50 年代斯坦福大学引发硅谷现象等。伴随第二次学术革命的发展，知识的生产范式也慢慢发生改变，区别于原本具有明显的学科边界、学科组织制度化、科学家在所属的科学边界里以"学院"为组织单位进行科学研究的模式，知识生产模式 2 即第二次学术革命意义下的知识生产开始突破高等教育机构与学科的边界，向更大的社会背景和多学科迈进。

第二次世界大战以后，西方国家的高等教育进入黄金发展期，高等教育入学人数急剧增加，教育的不断扩展需要充足的资金作物质保障，然而各国政府对于教育的拨款逐渐下降，无法满足高等教育发展的需要。面对沉重的资金压力，高校试图将资金来源拓展到市场，大学激烈的竞争趋势更是加速了教研人员从院校走向市场，通过与企业合作、技术转让等措施促进知识商业化。就这样，大学在自给自足的基础上开拓了新职能，推动社会经济发展。西方一些研究型大学，如麻省理工学院、斯坦福大学、华威大学等，主动转型与突破，变困境为转机，促进知识生产模式转化。知识生产从学科导向、理论导向的知识生产模式 1 转向问题导向、应用导向和跨界合作的知识生产模式 2，走到了建立创业型大学的前沿，最后成功实现了自我革新，成为世界一流大学，拥有如今在全球高校中无可撼动的地位。自此，大学的社会职能不再局限于从事知识拓展和智力训练等活动，而是更多地向创造经济财富这一职能转变，大学、社会和市场三者良性互动。更重要的是，开始采用大量的跨学科研究，弥补了知识生产模式 1 单一学科研究视角的不足，使科学研究呈现多元化、多视角的发展景象。新的知识范式中时常会伴有旧知识范式痕迹，范式更迭并不意味着新范式取代旧范式，而是新范式成了主流的方式。

曼海姆曾说，真理的观点，也产生于在一个特定时期流行的获得知识的具体方式之中。真理的概念并不是历经一切时代仍保持不变，而是卷入了历史机遇的过程之中。也就是说，虽然知识生产模式发生改变是不可改变的现实，但新的知识生产模式是在原本模式上发展而来的，因此其出现并不意味着对于旧模式的完全否定，而是进一步完善了原本理论的不合理之处，两者并无优劣之分，只是说同知识生产模式 1 相比较，知识生产模式 2 更适应时代发展对知识生产提出的新挑战。在知识生产范式转变的过程中，两种模式相互作用，知识生产者可以在两种模式中切换自己所充当的角色。

知识生产从模式 1 到模式 2 的转变，主要原因在于人类已经进入知识经济时代，在这一新的时代，社会对于知识的依赖性逐渐增强，知识开始走出校园并最终遍布社会，这也就意味着大学不再是知识生产的唯一场所，政府机构、新出现的各类科学机构、咨询机构等也成为知识生产的新场所。以英国的高等教育为例，20 世纪 70 年代以来，英国的高等教育知识生产场所不再局限于大学本身，除了大学，科研机构产生的知识创新成果打破了长久以来大学对于所谓“高深知识”的垄断，知识生产场所由此走向多元化。

在知识生产模式 1 下，从事科学研究的人员多是大学里的研究人员，但在知识生产模式 2 下，研发设计人员、社会上的科研人员、生产工程师等不同背景的利益相关者也加入知识生产中，各主体之间展开密切合作。知识从一种象征符号转变为实用工具，并以一种“知识资本”的形态为社会带来社会效益。在知识经济时代，大学在社会中居于核心地位，大学的功能不断拓展，为社会提供更高质量的服务，在促进知识生产、科技发明、经济进步的同时，大学的存在和发展也离不开社会资源的支持。知识生产模式的变化成为创业型大学兴起的内在动因，知识生产模式 2 所代表的知识生产的情境性、跨学科性、社会弥散性成为创业型大学发展的知识理论基础。

需要指出的是，尽管从知识生产模式 1 到知识生产模式 2 是一种趋势，但这种转变并非只能通过一种方式进行，不同类型的学校和学科都有自己的发展逻辑，会有不同的模式，并不一定都转向知识生产模式 2。

3. 知识生产模式 3

随着世界经济发展进入高级知识经济时代，全球化进程加快，国际竞争日益激烈，知识生产模式 3 被学者提出。2003 年，美国学者卡拉雅尼斯首次阐述了知识生产模式 3 的思想，2006 年其与奥地利学者戴维·坎贝尔在《创新网络和知识集群中的知识生产、散播和运用》中正式使用“知识生产模式 3”这一概念。知识生产模式 3 肯定了前两种模式的重要作用，并认为大学的运行是同时基于两种模式的，试图整合知识生产模式 1 和知识生产模式 2 的知识生产逻辑。

20 世纪中期以来，人们将知识生产模式的转型和高等教育改革紧密结合在一起，随着知识生产从模式 1 到模式 2 再到模式 3 的重大转变，我国大学的学术研究取向、学科之间的组织架构、科研模式等均需进行相应变革，以适应新的知识生产方式的要求。

知识生产模式和三螺旋理论为知识生产模式 3 的产生提供了理论基础。随着知识经济时代社会向纵深发展，创新越来越成为知识经济发展的核心动力。基于新的时代背景，各个国家都面临资源紧缺的问题，国家间的竞争也日益激烈，为了应对种种现实问题，一种新的经济模式应运而生。这种新的经济模式表现为，为了实现资源利用最大化，使地区经济持续发展，由要素驱动和效率驱动的传统经济向创意经济转变。面对新的时代背景对知识应用提出的新要求，卡拉雅尼斯率先提出知识生产模式 3 中知识创新的思想，之后卡拉雅尼斯对知识生产模式 3 进行了全面的阐述，知识生产模式 3 正式形成。

根据卡拉雅尼斯和戴维·坎贝尔两位学者的观点，知识生产模式 3 是一个知识创新体系，它强调 3 个主体，即大学、企业、政府和公民社会实体，

3 个主体协同创新，这种创新以多边、多形态、多节点和多层次方式展开。知识生产模式 3 同知识生产模式 2 有相似之处，两者都强调突破单一学科的知识边界，并进一步提出形成一个多层次和多维度的网络知识集群，但与前两种模式不同的是，它认为公众是知识生产和知识创新的用户群，与知识生产和应用高度相关。知识生产模式 3 在三螺旋理论的基础上进一步引入第四螺旋，并进一步引入“学术性企业”这一概念。

学术性企业的特点：一方面，它应该全力支持产业界与大学之间的良性互动；另一方面，学术性企业注重基础研究、应用研究和实验开发三者的平衡并激励企业员工对知识进行逻辑编码，同时支持科研协同和科研网络以及企业研发有限科学化。根据知识生产模式 3 知识创新理论、创新网络和知识集群为衍生基础，以适应四螺旋创新生态系统的态势，演化为节点化、有界化、多维化、多形态特征，再加上联合，竞争的逻辑驱动机制在学术上向着企业努力的方向发展，并动态联系在一起，相互交叉、融合，形成了一个知识生产创新体系。

知识生产模式发生转型已经是不争的事实，反映出知识作为人类社会文明演进的强大驱动力在这一时代其社会地位不断强化。吉本斯等提出的知识生产模式理论引发了大学知识生产模式转型的热潮，促使学术界开始频繁使用“知识生产模式 2”这一关键词。实践证明，知识生产模式 1 已经不适应时代的发展，而关于知识生产模式 3 的相关研究较少，学界的研究主要集中于知识生产模式 2。从知识生产模式 1 到知识生产模式 2 的转变，使大学在办学理念、办学模式等范式方面发生巨大变化，知识生产模式 2 成为创业型大学产生和发展的指导思想。

二、知识生产模式 2 的基本特征

长久以来，大学被认为是高深知识的载体，其职能不局限于储存和传播知识，随着时代的发展，还要进行知识的生产、创新和转化，由此推动人类对于未知世界的认识并在实际生活中使人类生活发生切实改变。美国高等教育界的著名教授——伯顿·克拉克就曾指出：只要高等教育仍然是正规的组织，它就是控制高深知识和方法的社会机构。由此可见，大学与知识的生产是密不可分的，知识的生产是大学的一项重要使命。

目前，对于知识生产模式 1 特征的认识已经较为明确，在模式 1 中，知识生产主要在单一学科的认知语境中展开，以学术兴趣为主导，组织特征主要表现为同质性及等级制，这一模式下，知识产生后，主要遵循学术标准，由同行专家进行评议。然而，随着全球化趋势的加深，技术发展和科学研究如果不能适应社会变化的知识生产新需求，将陷入无法与社会相融合的困境。知识生产模型 2 是吉本斯等展示生产知识是如何进一步适应社会情境的一种新的知识模型。

根据吉本斯等的研究，至少有 3 种力量驱动着知识生产从模式 1 到知识生产模式 2 的转变。第一，随着知识成为市场竞争的关键因素，企业对知识的需求不断扩大。知识，特别是技术知识，已经成为企业保持竞争优势和市场份额的关键要素，极大地扩展了企业的专业知识和技能，也扩大了对拥有这些知识和技能的研究人员的需求。第二，随着高等教育的普及，接受科研训练并具有科研功能的毕业生日益增多。然而，由于学术岗位的流动性较低，过剩的研究人才无法进入学术体系，从事学术岗位。他们中的许多人进入政府研究机构、企业研发机构、咨询公司，或成立自己的机构，因此知识生产领域和知识生产活动在大学之外应运而生。第三，信息技术和交通运输的快速发展使分散在世界各地的知识生产机构能够顺利对接、密切合作。这种互动与合作也使新知识和新技术在全球范围内的流动和传播更加快速、方便和频繁，从而逐步形成一个社会分布式知识体系。企业对知识需求的扩大、高等教育的普及导致了知识生产者供给的扩大，信息技术和交通运输的发展，带来了知识、信息、技术、人员和资本在世界范围内的快速流动、部署和重组。三方合力，共同推动知识生产方式转型。

从吉本斯等的观点来看，知识生产模式 1 和知识生产模式 2 在多方面都存在明显区别。在《知识生产的新模式：当代社会科学与研究的动力学》一书中，吉本斯等对知识生产模式 1 和知识生产模式 2 的区别进行了详细的梳理，知识生产模式的基本特征为以下五点。

1. 应用情境中的知识生产

知识生产模式 1 下，由学者组成的学术共同体专注于纯粹的学术情境，因此问题的设置和解决都是从这个简单情境起步并发展的，知识生产模式 2 的情境则取决于知识与社会需求的进一步分化，在知识生产模式 2 中，知识的产生在更加广阔的应用情境下进行，知识的产生并非因为一种需求，而是社会中多种因素共同作用的结果。生产需求源于政府、企业、大学等各种社会主体面临的现实问题。知识生产的绩效主要服务于应用的需求。

2. 跨学科性

不同于知识生产模式1立足于单一学科框架，知识生产模式2更加强调跨学科性，注重采用跨学科视角解决面临的问题。知识生产模式2本身立足于应用情境生产知识就是为了解决具体的问题，并且问题的解决往往需要多学科联动，单一学科的知识框架无法高效解决问题，在解决问题的过程中跨学科的助力进一步催生了跨学科的实际应用，这一新的理论结构、研究方法和实践模式逐渐衍生跨学科的问题解决办法，因此我们说知识生产模式2具有跨学科性。

3. 异质性与组织多样性

知识生产模式1的特征是基于技能的相应同质性，知识生产模式2却不同，它是对传统的大学知识生产模式的进一步发展，在这种模式下，知识生产依旧以高校为中心，但有共同的学术规范和学术价值观做指导。在这一新模式中，所有的利益相关者都在需求、利益等方面不断进行协商，并在具体的应用情境中寻求可以进一步合作的方向。在此过程中，不同参与主体间互动加强，有效地促进了知识的传播和发展，因此知识生产模式2具有明显的异质性。知识生产模式2具有输入性、生产场所、交流方式和相关研究领域异质性等特点。更多样化的知识生产组织的参与，导致在更分散的生产过程中出现了新的和多样化组织形式。

4. 社会问责与自反性

知识生产模式2具有很强的应用情境，因此它所对应的问题、解决方法、生成的知识等都表现出很强的应用特征。知识生产模式2主要针对社会现实，响应各个领域的需求，相应地寻求可行的解决方案，将知识直接应用到问题中，目的是解决问题。因此，知识生产能否解决实际问题是多元参与主体关注的焦点。同时，知识生产模式2需要响应社会的责任，不断对知识生产的方式、过程和结果进行自我反思，创造更适合应用情况的新知识。

5. 更加综合的、多维度的质量控制

在知识生产模式1中，传统的质量监控是通过同行评议、学术研讨等方式进行的，而对新模型的质量控制是通过建立学习型组织和异构团队等措施来实现的。由于知识生产模式2不适用传统的学术研究进行质量评估，因此有必要看到在学术和其他社会、经济或政治利益被应用的情况下，是如何建立满足上述 4 个特征的新的质量控制体系的。

知识生产模式 2 所代表的知识生产的情境性、跨学科、社会弥散化、反思性以及扩展的质量控制系统符合知识经济社会发展对知识快速应用的迫切要求，这是创业型大学发展的理论基础。目前，我国高校的知识生产处于多种模式并存的时期，其中最普遍的还是知识生产模式 1，但是为了促进高校和社会合作，必须快速实现从知识生产模式 1 到知识生产模式 2 的转变。

就大学层面而言，绝大多数大学的科研评价模型都是长期形成的，与知识生产模式 1 相匹配，面对知识生产的新变化，相应的评价模式建设存在迟滞与缺位的问题。为顺应知识生产模式的转换，形成与知识生产模式 2 相匹配的科研评价模式，需要对高校科研评价的体系进行分解，以构建新的评价模式。

三、知识生产模式 2 与创业型大学科研评价体系的重构

随着知识在经济社会发展中重要性的不断增强，各国对于高校科研经费的投入也在增长，科研人员如何回应社会的需求、彰显科研活动的合理性，成为一个重要议题。在关于科学研究的相关讨论中，科研评价问题开始引起学者的重视。科学研究是一项极其复杂的学术活动。知识的创造、真理的探求和实践的肯定都需要时间。同时，新公共管理运动要求高校在规定的时间内对科研成果进行可视化评价。也就是说，科研活动的长期有用性与科研活动管理的短期需要会产生不可调和的矛盾。知识生产是一种生产力活动和生产力系统，其生产方式的转变总是体现在知识生产与社会生产关系的重大变化上。

知识生产模式的转变推动着大学的不断变革，知识生产模式的变化是创业型大学兴起的内在动因。知识生产从模式 1 到模式 2 再到模式 3 的转型，引起了高校科研样态与特质的变化与演进，要求高校科研评价模式做出多方面的变革来顺应其变化。

为了顺应知识生产模式的转变，创业型大学的科研评价也要做出积极回应，探索新的科研评价模式。作为创业型大学指导理论的知识生产模式 2，推动了大学以交叉学科为特色，更多地面向社会需求进行知识主体建设，使大

学的科研生态呈现新的发展样貌。结合大学科研评价面临的现实问题，研究型大学和创业型大学在评价方面存在差异，在本书中，大学的科研评价主要在四个方面发生了改变，即科研评价导向、科研评价方式、科研评价内容和科研评价机制。

首先，在研究型大学中，科研人员进行科研活动主要是为了发现和延续知识，而在知识生产模式 2 下，创业型大学科研的应用属性逐渐增强，科研活动的边界不断拓展，研究问题的情境由一系列比很多应用性科学更加分化的知识和社会需求所决定，因此科研成果具有一定的社会弥散性。结合时代背景，创业型大学侧重于创新创业，即从研究型大学到创业型大学，大学科研评价导向发生了变化，从原本关注知识创造向注重创新创业转变。

其次，在研究型大学中，科研评价活动的主要参与主体是学术共同体，但由于创业型大学的评价导向已经发生变化，创新创业活动的开展使大学与企业和社会的交往日益密切，来自校外的各界人士作为科研活动的利益相关者，也直接或间接地参与科研活动。在创业型大学中，科研活动的利益相关者不仅仅限定于学校内部的研究人员，来自各行各业的研究者和投资人群体以不同的形式参与科研活动，成为目标客户，因此这些目标客户应该被纳入科研成果的评价主体中。以往单纯将学术共同体的评价意见奉为指导思想的评价方式已经不合时宜，科研活动的展开需要合理兼顾客户利益，所以科研评价也要遵从“客户导向”，即从研究型大学到创业型大学，大学科研评价方式从学术共同体的单一评价到合理兼顾利益相关者，以“客户导向”为指导。

再次，在创业型大学中，研究问题情境的复杂性使以往单一学科的学科界限被改变，科研活动需要超越单一学科框架，在交叉学科的背景下进行。从研究型大学到创业型大学，科研评价内容跨越了单一学科，在更广阔的交叉学科背景下进行。

最后，研究型大学在产学研理念的指导下虽然存在部分大学与企业、政府合作的尝试，但这种合作方式多半是线性的，无法充分发挥各主体的优势。而创业型大学在三螺旋理论的指导下，与政府和企业展开密切合作，各方充分发挥主体优势，更好地增进学术界、产业界、政府之间的合作，进一步促进了整体协同创新，即从研究型大学到创业型大学，科研评价机制从产学研合作发展为三螺旋。

知识生产模式的转型使知识生产的情境、主体、组织、结果与方式都走向多元化。因此，为了适应知识生产模式的转变，在原有的科研评价基础上，高校需要做出积极回应，探索新的科研评价模式。

要实现创业型大学科研评价模式的转变，首先就要识别科研评价的有关要素，然后在被识别出的要素基础上重构新的评价模式。要实现科研评价模式转变的最终目的，需要从评价导向、评价方式、评价内容和评价机制四个方面着力，促进创业型大学科研评价变革。

第二节　创业型大学科研评价变革的动力机制：三螺旋理论

亨利·埃茨科威滋和罗伊特·雷德斯多夫教授利用生物学中的三螺旋原理，从社会学角度出发，创立了三螺旋理论。三螺旋理论所倡导的大学、企业和政府之间的良性互动，是创业型大学科研评价变革的重要动力。按照三螺旋理论，为了适应经济社会的发展，大学需要积极开展创新创业教育，主动寻求与企业之间的合作，同时变革管理模式，以企业化的形式管理大学，向产业领域学习，资金来源多样化，提高大学自力更生能力。三螺旋理论为学术界解释创业型大学的相关问题提供了新的视角。

一、三螺旋理论

不论是国内还是国外，对研究型大学向创业型大学发展都没有具体的认识，相关理论研究零散又缺乏系统性，研究进展非常缓慢。

创业型大学适应的是知识经济的发展，在知识经济时代，创新成为国家竞争的重要推动力，各国积极在政治、经济、科技等方面展开创新活动，由此产生了有关创新的理论。学术界普遍认为，大学、企业和政府三者之间的良性互动既是促进创新的关键，也是促进经济增长、推动社会发展的中坚力量，大学、企业和政府作为创新的三类主体，自然而然被经济发展的需求连接起来，共享信息和资源等方面，最优化利用资源。

三螺旋理论进一步解释了三者在知识经济时代的互动关系，认为政府、大学和企业各自属于不同系统，随着知识在经济发展中占据的地位日益重要，三者关系逐渐紧密，最后在一些领域产生交集甚至融合，各个系统相互影响，通过相互联系的张力作用形成一个新的体系。之所以用生物学上的三螺旋理论来解释政府、大学和企业之间的关系，是这三者存在像 DNA（基因）三维螺旋体之间的关系，这种关系实际上一种共生关系。三螺旋理论对创业型大学的内涵及其在创新系统中发挥作用的方式等进行了详细阐述，为创业型大学的研究和分析提供了全面的理论支持和全新的研究视角，在国际上产生了广泛的影响。

根据三螺旋理论，在知识经济时代，大学、企业和政府都是社会经济发展的重要力量，在这个模式中没有特定的创新主体，大学、企业和政府既都可以是创新主体，也都可以是组织者和参与者。但无论哪一方为主体，最终都会形成动态的三螺旋形态，推动创新活动深入开展。三者在特定区域产生螺旋式互动，这种互动关系决定了这一区域经济发展情况。实践表明，一些大学在 20 世纪末产生了共同的创业倾向，在大学、企业、政府的三螺旋结构中发挥独特作用，大学产出的知识不再仅仅具备学术价值，而是作为一种经济资源为社会所使用，促进国家和地区经济发展，创业成为教学和研究之外大学的又一项新使命。这意味着，现在大学自己就是技术源泉，以一种新的形式将教育和研究相结合，一些大学已经形成了内部的组织，开展正式的技术转移活动。大学日益成为区域经济发展的源泉，为了达到促进区域经济发展的目的，学术机构被重新定义，孵化器、科技园区等新的组织形式成为经济活动的新交流平台，跨学科的知识生产模式牵动着三螺旋的各主体，激励着三方合作。

一个三螺旋体系通常开始于大学、企业与政府三者的相互作用，目的是通过推动区域现有产业发展，促进经济改善。随着新知识和新技术的生产在经济发展中地位变得越来越重要，三螺旋的旋转方式发生了改变。在三螺旋的初级阶段，企业专注于生产；政府专注于保证三方以稳定方式进行交流；大学专注于生产新知识和新技术。基于智力资本更新旧经济模式与创立新经济模式战略中的重要问题，如何增强大学和其他知识生产机构的作用，成为关键课题。智力资本形式各异，既可以在实验室中产生，也可能是现有产业中蕴含的隐性知识。而创新这种行为，从相对简单的由研究扩展到市场以及由市场延伸到研究的产业内双向线性过程，转变为非线性过程。

二、三螺旋理论视角下的创业型大学

对于创业型大学概念的界定，学界存在很多不同观点，主流观点主要有两种。一种以埃茨科威滋教授为代表，他将创业型大学的特征概括为教授、学生和管理人员都具有创业的态度，并积极参与各个层次的企业活动，他认为一所高校如果具有以上特征就能够被定义为创业型大学。另一种则以伯顿·克拉克为代表，他认为创业型大学应该是活跃的、进取的、富有创业精神的。用三螺旋理论解释创业型大学组织形态转变和机制创新的关键，在于认识到创业型大学应该与外部形成一种新的关系，创业型大学能够促进组织与外部环境互动。在螺旋式互动过程中，高校组织对外输出促进了知识经济的发展，同时为自身发展争取到了有利资源。转型后，大学将更多地促进社会和经济发展，这将带来创业活动的繁荣。此外，大学在推动知识经济发展方面取得的成绩将进一步巩固其在三个主体中的核心地位，使三方关系更加紧密。

在三螺旋体系中，政府、大学和企业既有自身的发展，又有三者之间的外部合作。在自身发展过程中，三者都产生了相应产物。大学、企业、政府的发展形成各自的内部循环，大学内部循环的产物包括人才、科研产品，政府内部循环的产物包括资金、政策、信息网络，企业内部循环的产物包括商品、投资。政府、大学和企业之间的外部合作网络将三者连接起来，三者内部循环产生的产品通过外部合作网络循环流动。三螺旋关系具有显著优势，政府、大学和企业有着比较一致的目标：共同促进社会经济发展，尤其是本区域经济的发展。因为有了相对一致的目标，政府对大学有了一定的权力，使大学的教学和研究行为面向社会开展，促使大学和地方企业互动。大学介入社会经济发展，意味着大学在既有的教学和科研两种职能之外又增加了一项新使命，即促进地方经济发展。这也就意味着大学需要提升知识产品的经济价值和市场竞争力，大学开始追求知识的产业化，在这个过程中，大学的许多行为发生了实质性变化。一些大学逐渐寻求组织特征上的变革，为了提高经济效益，更多地进行知识产品研发和技术转移，对外寻找投资，与多方合作，大学在这类行为中转型，产生了新型大学——创业型大学，这类大学以促进社会经济发展为使命。

以美国大学、企业、政府三者关系的演进为例，在第二次学术革命发生之前，大学主要进行人才培养和科学研究，第二次学术革命使大学在进行教学和研究的同时将知识融入经济发展，由此，促进经济发展被认定为大学的又一新使命。在第一次学术革命的影响下，美国一批拥有远见的大学校长们创建了新的美国大学，这些大学发展成了美国最早的研究型大学。这些研究型大学在第二次世界大战中发挥了重要的科研作用，并为美国赢得了学术和研究两方面的世界领先地位。但 20 世纪 70 年代以来，美国一些曾经在世界上占据绝对优势的工业领域发展落后，丧失了在世界经济体系中的绝对领先地位。此外，在高技术产业快速发展的过程中，美国开始面临人力资源不足、技术创新不足的问题。在危机中，美国政府意识到学术机构有巨大的创业能量，教育和产业的合作对于解决美国面临的工业和经济问题至关重要。美国大学转向创业型大学是各研究型大学为寻求自身发展机会做出的必然选择。

第二次世界大战后，虽然美国一些研究型大学已经参与到经济活动中，但活动的区域仅限于科技园区，这也只是大学的自发行为，大学参与经济活动的形式、方式等没有具体的官方政策。从 1980 年开始，美国政府出台了一系列促进大学和企业合作的法律法规，这些法案用于促进大学和企业之间的合作，有效地促进了大学的技术创新，进一步深化了大学、科研机构与企业之间的技术转让和人员交流。美国政府通过这些法案下放知识产权，减小了大学知识成果转移的阻碍，有效地促进了产学互动。大学也改变了一直以来秉持的研究逻辑和对科学研究的价值认识，认识到科学研究成果要促进社会经济发展和满足人民生活需要，大学自此开始以各种形式参与到经济活动中，一批创业型大学应运而生。大学、企业、政府三者间的互动关系开始建立，大学和企业相互支持，政府则主要通过制定政策为前两者合作减小阻碍，鼓励学术机构更多地回应经济关切，为提高国家竞争力做出直接贡献。

三、基于三螺旋理论的创业型大学在我国的实践情况

美国和欧洲典型的创业型大学发展经验，可以为我国创业型大学建设提供启示，下面以美国斯坦福大学和英国华威大学作为分析案例，为我国创业

型大学的建设提供指导。

在三螺旋理论下，政府、大学和企业展开多方面合作。斯坦福大学在开展大学和政府的外部合作时拥有高度的自主权。美国政府对大学的管理模式是高度分权的，大学拥有高度的自治权，因为美国政府对于大学的控制力很薄弱，所以大学在很大程度上更加依赖市场的调节作用。为了在市场上寻求办学资金，大学在开展科研活动时会把经济效益放在重要位置，注重科研成果的转化。英国的华威大学与政府之间的关系随着时间的推移不断发生变化，但20世纪以来总的趋势是大学的办学自主权不断扩大，政府对于大学的管理更多地引入市场机制，鼓励大学与企业进行合作。

我国的创业型大学最早出现在20世纪90年代，当时以清华大学为代表的研究型大学开始以多种方式促进科研成果转化。2000年左右，以福州大学为代表的地方性大学开始全面推进创业型大学建设。福州大学在2000年左右第一次提出创业型大学的发展目标，尝试与政府和企业展开外部合作。我国大学实行党委领导之下的校长负责制，党委和政府对大学的教育工作拥有领导权。大学和政府在资源方面有着天然的不对等关系，相对而言，我国大学利用自身资源、通过产学研合作促进社会经济发展的能力尚未体现出来。然而，政府的资源，特别是资金的供给和制度建设，对大学的发展有着非常重要的作用。政府出台促进创业型大学发展的政策，提出促进大学创新创业、科研成果转化的政策文件，为创业型大学的发展营造了良好的政策环境。

在与企业开展外部合作方面，斯坦福大学于1951年建成了研究园，走向创业型大学发展道路。建成的研究园直接参与知识生产、传播和利用，面向产业需求，促进产学研合作。园区内的许多高科技创新技术都来源于斯坦福大学团队科研成果，并且斯坦福大学持续为园区内电子信息技术的发展提供技术和人才等方面的支持。为了对大学的科研成果进行有效保护，斯坦福大学于1970年建成了美国历史上第一个技术许可办公室，提高了科研成果转化效率，使科研成果迅速走向市场，创造经济价值。正因为斯坦福大学和研究园相互促进，斯坦福研究园逐渐成为世界高科技技术中心的“硅谷”，斯坦福大学在世界上也获得了良好的声誉。华威大学在探索与产业合作的新关系时建立了华威制造业集团，该集团通过研究新技术、新产品不断与企业建立合作关系。

我国的福州大学在展开与企业合作的尝试时采用了类似于美国斯坦福大

学的模式，与企业共同创建研发中心，积极寻求校企合作机会。大学拥有丰富的研究成果和人才优势，企业则掌握资金和管理优势，大学可以利用企业的优势，联合研究中心，将科研成果为企业所用，促进企业技术革新，给企业带来经济效益，实现大学和企业的共赢。福州大学与福建省交电运输集团等多家企业联合建设研发中心，主导建立了福建省功能材料技术开发基地、动漫产业基地等，帮助企业解决了发展中面临的技术难题。在科研成果转化方面，福州大学出台了一系列关于技术转移的政策文件，和企业共享科研平台，以多家国家级、省级科研平台为依托，让企业参与到科学研究中，取得了简化科研成果转化程序的效果。

在三螺旋理论下，三方开展合作的同时，大学自身面临一个自我革新的过程。斯坦福大学坚持创新的办学理念，注重学生和社会的联系，学术研究和市场相结合，密切与外部的交流与合作，同时积极展开创业教育，鼓励学生的创业行为。华威大学也同样顺应时代发展，通过创新创业不断提高自身适应和服务地区经济的能力。福州大学以创业型大学为建设目标，开放办学，并明确提出要走产学研合作、服务地区经济发展的道路，推动学校和区域经济深度融合、协调发展。同时，为了培养具有创新精神和创业能力的人才，福州大学通过多种形式对学生展开创业教育，营造了浓厚的创业氛围。

三螺旋理论所倡导的大学、企业和政府之间的良性互动，是创业型大学科研评价产生变革的重要动力，但目前我国的大学在自身建设和科研评价方面仍存在不适应创业型大学发展的因素，这要求大学进一步明确自己在社会发展中的定位，健全企业化运作机制，激发大学内部的创新活力，以市场为导向，更多地与市场接轨。

第三节　创业型大学科研评价变革的生态系统

研究视角决定研究问题，从不同的视角研究问题，研究的指向和切入点就不一样。从生态系统的视角出发研究问题，改变了过去从个体出发、孤立的思考方式，开启了一种新的整体论思维方式。创业型大学作为培养人才和为社会发展服务的重要机构，不仅要思考如何促进创新、创造、创业融合，更要思考如何实现与社会、企业、政府之间的良性互动，这些需要将创业型大学的发展视为一个整体的生态发展问题来思考。

一、生态系统相关理论

生态系统、高等教育生态系统等相关理论思想和方法对大学科研评价变革的研究具有深刻的理论指导意义，将创业型大学科研评价变革置于开放的系统中来考察，从生态系统整体关联和动态平衡的视角出发，能够对变革的相关问题产生更加深刻的认识。

1. 生态系统理论

德国生物学家海克尔提出“生态学”这一概念，将其定义为研究生态有机体之间的相互作用，以及有机体作为整体与外部环境之间互动关系的一门科学。生态学是研究有机体及其相互环境作用的科学，关注的就是共同体、生态系统和整体的问题。

生态学理论逐渐形成了一套价值观和思维方式，并将其研究拓展到人文社会科学等领域。在人文社会科学领域的生态学研究中，生态系统是研究的重点。研究者普遍将生态系统视为一个单一的主体或中心，从整体的角度探讨生态系统与环境的关系。也就是说，生态系统研究经历了从对个体、种群、群落和生态系统四个组织层次过程的研究，到以研究人类为主体，以生态系统为重心，探讨和研究当代人类面临的重大问题为己任的方向转变。上述转变体现了生态学学科逻辑发展的必然结果。由此可见，生态观本质上是一种生命观，是一种有机观，其本质是其内在关联的存在，“生命有机”是生态理性的第一原则。

基于生态系统理论，生态系统有四个组成成分：①非生物的物质和能量。这是生态系统开展生命活动的物质基础，包括能源、气候、基质和介质、物质代谢原料等。②生产者。在生态系统中产生并固定能量，是生态系统最为根本的成分，为系统中所有的生命活动提供物质基础。③分解者。主要解决的是生态系统物质循环的问题，这一环节对生态系统来说是必不可少的，是物质循环的必要条件。④消费者。改善了系统的丰富性，能够提升生态系统的稳定性。与生态系统中存在生产者、消费者、分解者相类似，创业型大学存在研究者、创业者和投资者。其中，研究者这一角色以教师为代表，教师通过科研活动生产学术成果，这些学术成果可以通过专利许可、成立公司等形式转移知识产权，转化经济效益。创业者则以学生为代表，学生在教师的领导下进行科研活动，促进科研成果产生。投资者以社会各界人士为代表，通过物质方面的投资或者是传授创业经验等行为助力学校持续发展。需要注意的是，教师、学生、社会各界人士三个群体并非与研究者、创业者、投资者三个概念严格对应，如教师虽然是研究者的主体，但部分学生也可以参与到知识生产的过程。

2. 高等教育生态系统理论

“高等教育生态学”这一概念最早于 1966 年由美国学者阿什比提出，开辟了生态学在高等教育领域应用的第一条道路。美国学者克拉姆在 1976 年出版的著作中首次定义了“教育生态”一词，并提出了教育系统理论。根据克雷明的观点，教育是一个由相互关联的因素组成的复杂的综合系统，他发现教育生态系统的基本组成部分是要素，要素之间的排列状态形成结构，要素之间的关系形成流。教育生态系统的核心组成是教师、学生和行政助理。教育生态系统不断进行外部环境和物质、能量、信息的交换，教育生态系统处于整个社会的大系统中，具有动态性和开放性。

教育生态系统是教育生态主体与生态环境共同构建的一个复杂、多元的整体。有学者认为，高等教育制度属于人工生态系统，是人类为了保存和发展自身的文明和智慧而创造的制度，人类作为调节者是这一制度存在的前提。但与自然生态系统不同的是，教育生态系统具有生态可控性，人类可以根据自身需求对该系统进行相应的控制。一些学者归纳出高等教育生态系统的三个特征。首先，高等教育生态系统的主体是大学，这一系统具有特殊的组织属性和功能。其次，高等教育生态系统存在特殊的生态环境内外部谱系。最后，高等教育生态系统内部各生态要素之间以及要素与生态环境之间存在着特殊的结构形式。

创业型大学的科研评价作为结构系统，具有复杂性和多样性。本书介绍了生态系统相关理论和高等教育生态系统理论等观点，为创业型大学科研评价的研究提供了一个整体的视角和系统的思路。生态系统的非线性思维模式、系统观和整体性特征，为探索和解决复杂问题的路径提供了科学依据和框架。在探索生态系统理论基本原理和规律的基础上，我们可以将创业型大学的科研评价放在一个复杂的、动态的开放系统中，考察创业型大学利用生态系统进行科研评价转化的过程。

3. 科研生态系统

科研生态系统即研究主体之间以及研究主体与环境之间在知识生产、传播与应用过程中所形成的生态系统。“科研生态系统”这一概念的提出，充分显示了研究主体与研究环境的复杂交互性。对于大学来说，其科研生态环境是由科研人员及其所处环境和利益相关者组成的共同体，共同体中的各要素在相互作用中完成知识迁移。

第二次世界大战之后，知识摆脱了“象牙塔”的禁锢，走向社会，成为一种宝贵的经济资源，这意味着知识生产已经成了社会生产力发展的驱动因素。从19世纪到20世纪，人们的知识观发生了变革，由此引发了知识型社会的形成。在这种背景下，大学与社会、学科与学科、知识的生产与应用之间的界限日益模糊，原本相对封闭的科研生态被打破。因此，创业型大学的科研生态已经区别于以往研究型大学的科研生态，在新的科研生态下，创业型大学的科研评价模式所处的系统环境及表现出的相关特征已经不同以往。

二、创业型大学科研评价的生态系统特征及其基本构成

生态系统的理论主要来自生态学和系统论，在研究中运用生态系统理论的关键在于把握生态系统的主要观点。对于本书的研究内容来说，需要对创业型大学科研评价模式的生态系统特征及其构成进行分析。

1. 创业型大学科研评价模式的生态系统特征

基于生态系统相关理论，本书将创业型大学科研评价看作一个动态的、开放的系统，先探讨其生态系统特征，以便深化对创业型大学科研评价的认识，把握科研评价变革的本质。

（1）整体性特征

首先，整体性是生态系统的基本特征，表现为系统作为一个整体的功能大于其各元素功能的总和。所有的系统都是作为一个有机整体存在的，这个整体绝不是由单一的各部分简单相加或者说机械组合形成的，在这个整体中，各个要素形成的统一整体具备各要素在独立状态下所没有的性质。也就是说，

由各要素构成的整体之和要大于或等于部分之和，这说明要用整体性来解释系统特征，组合特征不能用孤立部分的特征来解释。其次，任何生态系统都是内部各系统之间通过物质、能量、信息的循环流动，形成主体和周围环境之间关系密切的有机整体的。最后，生态系统作为一个组成要素存在于更大的生态系统，更大的外部环境构成统一又复杂的网状结构。

也就是说，创业型大学科研评价系统中各要素之间是相互联系和协作的关系，并不仅仅表现为要素之间和要素与外部环境功能的简单叠加。

（2）层级结构性特征

在自然生态系统中，太阳辐射通过绿色植物的光合作用转化成能量，从而以能量流的形式在生态系统内部的成员中进行物质、能量和信息交换，促进生态系统开展生命活动。但生态系统的循环并不是一个线性的过程，而是从生态系统的诞生就经历“平衡—不平衡—新的平衡”的过程，这个动态发展的过程具有层级性，是生态系统的一个发育过程，被称为生态演替。

与自然生态系统一样，创业型大学的科研评价体系内部也存在一定的结构关系。系统由几个元素组成，每一个元素之间并不是孤立的，许多元素通过复杂的关系形成一个单一的有机统一体。政府、企业、科研机构和社会力量等外部要素宏观地影响创业型大学科研评价的发展，而在大学内部，体制机制与资源配置等要素统筹着科研评价，由此可以得出结论：创业型大学科研评价的生态系统是一个极为复杂的、多要素、多变量的层级系统。

（3）动态平衡性特征

一个生态系统得以维持的前提是生态的有序平衡，只有达到了生态的有序平衡，才能确保生态可持续发展。生态系统的开放性和复杂性导致系统内部的生态因子总是处于无序与有序、平衡与非平衡相互转化的运动变化中，因此生态系统的这种平衡是一种动态的平衡。生态系统在实际发展过程中呈现出“平衡—不平衡—平衡”的动态性，这也是内外系统和因素之间互相调适、协同进步的必然状态。

相对于生态系统的动态性和稳定性，创业型大学科研评价生态系统也是一个开放的、动态的、平衡的循环系统。在大学内部，科研成果随着外部社会和物质流通、能量流动和信息交流不断产生，组织结构也随之发生变化。创业型大学输出的人才、知识等推动经济进步和社会发展，政府、企业、社会的政策、资金、信息等的输入能够提高科研效率，不断产生的科研成果又会吸引社会上更多的资源流入高校，从而实现整个科研评价系统的良性循环。

（4）协同性特征

创业型大学科研评价模式是由多个因素、多个主体、多个环节共同构成的复杂系统。在创业型大学中，包括教授、学生和管理者在内的所有参与者都有效地参与到评估中，这与现有的研究型大学科研评估不同，具有协同性特征。与此同时，创业型大学进一步强调科研评价、各利益相关实体以及各种资源要素重组中的知识生产关系，既实现了资源要素之间的合作，又实现了创新主体、创新模式和创新空间的合作。

2. 创业型大学科研评价模式及其生态系统构成

利用组织理论的相关研究并结合生态系统理论，完整的创业型大学科研评价模式系统构成包括内部结构系统与外部环境系统。

（1）内部结构系统

生产者系统、消费者系统、分解者系统和无机环境系统是生态系统的四个子系统，类似地，创业型大学中存在科研系统、教学系统、资助系统和大学基础设施环境系统。以教师为代表的研究者通过科研系统实现学术创业；以学生为代表的创业者通过教学系统实现创业教育；以社会人士为代表的投资者通过资助系统使大学具有企业性质。大学环境系统以制度、文化和机构支持着创业型大学的发展。创业型大学应该是以创业精神为核心的大学生态系统，学术创业、创业教育和大学创企这三大功能为创业型大学构建了三种身份：①毕业生能力的开发者；②知识生产者；③企业。这三种身份反映出创业型大学的三大特征：知识资本化、人才创业化和资源社会化。

从创业型大学内部结构系统来看，创业型大学科研评价系统可以划分为不同的子系统，这些互相联系的子系统都是科研评价模式的主要构成因素。本书所要构建的创业型大学科研评价模式，不仅在于对各个要素之间的关系进行阐述，更在于构建一个由各个子系统构成的整合系统。根据组织理论，大学是一个松散结合的组织系统，创业型大学可以定义为典型的组织。组织是由目标战略、结构、流程、制度和资源构成的一种特定模式，这同样适用于创业型大学科研评价模式构建的研究。

（2）外部环境系统

生态系统具有三大功能：能量流动、物质循环及信息传递。创业型大学中有三种角色，三种角色各自进行的活动构成了创业型大学的三大功能。具体而言，研究者进行学术创业，创业者接受创业教育，投资者筹集科研活动所需要的各类资源。学术创业是创业型大学形成的能量基础。政府、企业和大学的科研经费支持研究者开展高水平的学术研究，并产生了学术成果这一新的能量形态。产生的学术成果通过科研成果转化形成可以进一步利用的知识产权，创业者可以利用知识产权成立企业，而对于一部分无法沉淀为知识产权的科研成果，可以将其出售给市场上的其他企业获取经济收入。投资者筹集各种资源支持高校开展科研活动，从而实现创业型大学生态系统的物质循环。创业型大学不再是“象牙塔”式的教育，而是与外部环境进行密切的物质交换，它关切外部环境变化，同时无法脱离外部环境。

创业型大学是在恒定的外部环境中进行科研成果转化的，其受国家政策和制度、社会经济发展水平等社会大规模生态环境的影响。在整个生态系统环境中，创业型大学的科研评价体系与外部环境系统产生物质流、能量流和信息流相互作用。本书的外部环境系统具体指国家和社会（企业、科研组织、社会组织等利益相关者）的政策、资金、物质技术以及相关信息。外部环境中的政府和企业，尤其企业，是创业型大学资源的重要来源。

基于对生态系统基本原理和规律的探讨，本书将创业型大学科研评价放在一个复杂的动态、开放系统中考察，用生态系统的方法审视并构建创业型大学科研评价模式。为了让新构建的科研评价模式能够有效运行，一方面，要考察模式内部要素及其相关关系，另一方面，要对与外部环境之间的相互关联性进行探究。生态系统及其相关理论思想能够从整体的角度提炼创业型大学科研评价生态系统分析框架，并依据框架把握科研评价的相关要点，进一步促进创业型大学科研评价模式的合理化。

第四节　创业型大学科研评价的组织变革

为了对创业型大学科研评价的组织变革具体内容进行分析，先要对组织变革相关理论进行介绍。

一、组织变革相关理论

大学的组织技术经历了知识传播、创造和应用阶段。随着大学在应用中生产知识，创业型大学推动和组织了一种新的知识生产方式，进行一系列变革，脱离了传统的大学发展模式。经济社会的发展呼唤大学为社会发展做出更大贡献，大学要做出相应变化，以适应时代发展需要，因此大学组织变革成了理论界关注的热点问题。

组织变革现有多种定义，在不同应用中，人们往往赋予组织变革不同的内涵。一般而言，组织变革主要有两个方面的内涵，一方面是指组织的组成要素发生重大改变；另一方面是指组织事业的重大转变。借鉴前人对于组织变革的定义，本书将组织变革的概念界定为：在组织发展过程中，组织内部要素发生质的转变。

大学的组织变革实质上指的是大学内部结构和组织制度的变革。大学经历了两次组织变革。

第一次组织变革发生在19世纪初到20世纪中期，标志性事件是威廉·冯·洪堡创立柏林大学，确立教学与研究统一的原则。这一时期，西方的大学从储存知识、传授知识的场所开始变为同时进行知识生产和创造的机构，由此成功实现了从教学型大学到研究型大学的转变。

第二次组织变革发生在20世纪80年代以后，当时的大学除了现有的教学和研究两项职能，还负责为社会和经济发展服务。第二次组织转型使大学更加重视社会经济发展，成为服务于教学科研和社会发展的创业型组织。创业型大学可以说是大学适应社会的又一次自我革新，其介于传统大学和公司之间，在管理上既保留了传统学术管理的精华，同时吸收现代企业管理理念。创业型大学模式将成为大学变革的理想选择。

1. 组织要素

组织变革首先是构成组织的内部诸要素发生变化，与组织发展相比，组织变革在领导力上，一般由高层领导发动；在时空观上，组织变革是长期行为；在规模速度上，组织变革是深层次的。具体而言，组织变革是组织在多次发展量变积累后所发生的质的变化。

创业型大学的标准或特征都是大学进行组织创新和制度创新的重要力量，

有利于知识管理方式变革，从而引导大学机构变革，进一步将大学的教学、研究、服务与创业融为一体。创业型大学变革是一个动态发展的过程，在不同的时代，人们对创业型大学的内涵、特征、动力机制等的认识及在实践中的探索会更深入，大学也会成为社会创新持久的推动力量。

与以往的大学不同，创业型大学在组织行为方面发生了一系列的变化，主要的变化表现在两个方面，分别为组织制度和动力机制。根据伯顿·克拉克的观点，创业型组织要素包括以下五个方面。

（1）强有力的驾驭核心

根据现有关于欧洲传统大学的研究，大学对院系的控制力一直以来较弱，由于所处环境日益复杂，大学迫切需要提高院系控制水平，院系自身的改革步伐也在加快。院系迫切需要加强管理，而有效管理首先需要形成强大的核心。对于创业型大学来说，这种控制不仅包括学校的核心和上层行政群体，还包括各院系和教师群体（学术基层单位）。

（2）拓宽的发展

周边围绕大学的传统结构，创业型大学出现了许多更大、更复杂的运营单位。与传统院系相比，这些新单位更容易突出重围，跨越旧大学的边界，与外部利益相关者产生互动。一种是专门的对外联动机构，这类组织主要负责对外宣传，从事产业联动、知识转移、知识产权开发、咨询与服务、继续教育、融资、联谊等业务。另一种是研究中心，这一类研究中心主要从事跨学科研究项目，一般具备较大规模，形式比较基础。伯顿·克拉克认为，大学将发展成为“双重组织”，强调学术和专业知识的学院仍将是研究的核心单位，以学术为导向的研究中心将成为组织学术活动的第二种重要模式。

（3）多元化的经费来源

在伯顿·克拉克看来，大学有三个主要的财政来源：一是政府对大学的补贴；二是大学与外界签订合同，筹集费用获得补贴；三是其他来源的免费资金，这些免费资金可以来自工厂企业、地方政府和非教育部门、慈善捐赠或学校经营的公司。政府经费的减少促使大学努力获得外部资金，由此促进了创业型大学创业精神的发展。

（4）激活的学术中心地带

大学的职能随着时代的发展获得了极大的拓展，这一点已经是不争的事实。但对于一所大学来说，其首要职能仍然是进行学术研究，而负责进行研究的学术中心自然成为大学顺利运行的基础。在大学中，从事学术工作最多的单位是传统的以学科为中心的学术基层。然而，大学周边学术单位的不断拓展，以及学校经费来源的增多，使某种悄然变革正在发生并以强烈的不均衡方式对学术中心地带产生影响。

在研究型大学中，传统科学技术领域的院系和研究中心很容易获得活跃的特征。但是，与研究型大学不同，创业型大学正在脱离“科学技术”的功能，并计划与“人文艺术系”一起转型。伯顿·克拉克通过对欧洲一些典型的创业型大学进行研究，得出了以下结论：在当前市场需求上的应用逻辑下，物理、化学、数学、经济、社会、文学等传统科学没有得到大量的创业资源，但在创业型大学创业精神的刺激下，通过改变价值观，采取有效策略，如加强合作意识，可以赢得更多的发展资源以及竞争力，并加强学术研究的地位。此外，为使学术中心焕发活力，还应加强部门间的合作，深化综合研究。

（5）整合的创业文化

与高科技产业一样，创业型大学追求的是企业内外的创新文化和创新精神。这种创新文化最初可能只是一种制度转型的意识形态，但经过细致的解释，它形成了一系列信念，并在学术研究的中心区域传播，融入大学文化。伯顿·克拉克认为，良好的文化创造了对组织的意识，并形成了实现组织目标的最大主动性。而学校的新型企业文化精神是普遍存在的创业精神。

伯顿·克拉克认为，分析创业型大学的组织要素有利于理解创业型大学组织变革和制度创新的模式。在实践中，这些要素的相互作用和结合方式决定了不同类型的变革道路。

2. 运行机制

组织发生变化的方式取决于组织内外部冲击对传统范式所施加的影响，组织内外部的冲击决定着组织今后能否继续生存和运营。当前，因为大学所处的内外部环境都发生了变化，所以大学在经济发展、技术成果商品化、课程改革等方面的作用也在改变。

传统研究型大学的驱动力包括学术地位、来自政府的经费资助、开展基础研究。在驱动力的推动下，研究型大学致力于从事科学研究和教学，获得学术界认可的名声、受教育的学生以及公开的出版物。20 世纪 90 年代以来，随着信息化的日益加深和互联网的普及，技术成为改变世界的重要力量，各国之间经济竞争的实质就是科学技术的较量。为了提高科技竞争力，各国着力加强基础研究，扩大对大学和研究的投资，同时积极促进科研成果转化，寻求政府实验室、工业和大学之间的合作机会。创业型大学在内部运转方面，除了像研究型大学那样重视研究外，“创业”被置于优先发展的位置。

创业型大学的高效运转需要宽松的社会政治环境和稳定有序的大学内部运作机制，这两方面被国家的创业任务紧密联系在一起。

二、创业型大学的组织创新

由于创业型大学在知识创新、技术创新中扮演的角色越来越重要，大学会产生新的定位，所扮演的角色也会发生变化。比如，在美国，大多数大学的基础研究经费是由联邦政府提供的，并且会转移给产业界做有效的应用，在转移的过程中势必会遇到一定的困难，这些阻碍需要利用大学的制度和组织创新来克服。创业型大学与外界联系日益密切，推动了全新的跨越传统大学边界组织机制的诞生。这些组织机制主要分为三类：大学内部的跨学科组织；官产学边界跨越合作组织；大学的技术管理组织。通过这些机制，创业型大学跨越了传统的大学边界，研究成果商业化，催生新产业。

1. 创业型大学内部的跨学科组织

为了研究特定问题，在传统的院系研究实验室和独立的研究单位之外，形态各异、跨学科的新型科研迅速建立。创业型大学科技成果转化的首要因素是要有卓越的学术研究，而这些卓越的学术研究来自大学里由研究人员构成的多样的学术组织。麻省理工学院内部有 6 个院系，这 6 个院系又分为多个学系、学部、跨学科研究中心。麻省理工学院院系的概念，和国内通常理解下的学院、学系概念比较接近，而学部和跨学科研究中心作为新兴的跨学科教学和研究单位，成熟度不高，顶多被视为“准学系”。我国大学学术组织呈现严格的金字塔结构，所以大学内部的学术体制并不存在这种学部和跨学科研究中心，但对于学术创新，这些“准学系”举足轻重。

单一学科在解决特定问题时存在局限性，需要多学科共同努力，于是各种新型科研机构产生，与教学系统中的单学科相对应，新产生的科研机构多是跨学科的。这类学术组织灵活多样，多数发展为实验室、研究中心、研究组。这类组织集中了大量的以研究工作为主的科研人员，并不完全依附于学院、学系。随着国家战略和政策的调整，这些机构获得的资金增加，成为新知识的发源地。

2. 官产学边界跨越合作组织

为了进一步有效融合官产学，美国政府在 1980 年以后开始在高校大规模设立各类研究组织与产学合作组织，如美国国家科学基金会（NSF）推动成立的大学产业合作研究中心、工程中心、科技中心以及联邦政府设立的由大学代管的国家实验室。这里重点介绍大学产业合作研究中心。大学产业合作研究中心由 NSF 提供补助，经费补助持续 5 年，各公司参与研究的合作周期为 2~3 年。期满后根据评估结果决定终止或进行新的研究计划，或是成为经费自筹的产学合作中心。政府鼓励研发产业技术是因为技术收益将由社会共享，所以所选择的研发技术应以大学为主导，结合技术相关企业，合作研发。这些研究中心虽隶属于大学，但它们往往根据企业的实践要求开展课题研究，与企业联系密切，NSF 对研究中心负有研究责任。

创业型大学除了与企业、政府联合，设立促进成果转化、新企业孵化的机构之外，还进行实体基础建设，如大学研究园区、企业孵化器。大学研究园区以高校为依托，由大学与科研机构和生产企业合作成立，既培养人才，又开发新技术、新产品和新产业。孵化器的出现顺应了企业家和科研人员创办高新技术企业的需要，提高了新建企业的成功率，是大学技术转移的一种有效途径。

除了上述两类组织，美国创业型大学还成立了研究创投组织，如高新技术咨询中心。在美国，绝大多数的大学都设立了高科技咨询中心，鼓励大学教师为企业提供各种咨询服务。美国高校鼓励教师开展咨询服务，并表示在保证正常教研项目的前提下，教师可以利用一定的工作时间开展咨询服务。例如，斯坦福国际咨询研究所就是美国著名的咨询机构。

3. 技术管理组织

美国的技术转让单位主要有两种：一种是在学校设立的；另一种是进行技术研究和管理的外部实体，有些组织是研究和管理并行。学校自行设立的技术转让单位，分校内和校外，校内的技术转让单位属于学校管理系统，由负责学术研究的副校长下达命令。校外的技术转让单位经常使用“研究基金会”的名称，如威斯康星州校友研究基金会。

三、美国创业型大学组织形态的主要特征

根据组织变革理论，在创业型大学建设中，美国大学对组织结构和组织权利关系进行了调整，调整后呈现八大特征，具体如下。

1. 推动和引领区域经济社会发展的创业战略

创业型大学的发展基于战略导向而不是机会主义导向。要实现创业型大学的组织变革，先要认识到战略规划在大学发展中的重要作用，在不断变化的高等知识产业环境中，大学应该重新考虑自己所扮演的角色，重新明确和外界的关系，并且自发地改变大学内部安排，以提高自身在知识产业中的竞争力。

在综合分析大学在不同时代面临的生存环境和自身所具备优势的基础上，创业型大学将自己定位为推动区域经济社会发展的重要力量，并主动寻找与外部环境合作的机会。因此，创业型大学的战略不是基于领导者个人的教育理想制定的，而是听取多方意见进行充分论证，在综合分析市场环境、生存环境、优劣势等多重条件的基础上精心制定出来的。

2. 实施战略性管理

治理理念对创业型大学的建设提出了更高的要求。在传统的大学治理模式下，大学的教育工作由政府主导，战略规划往往流于形式，没有发挥预期效果。实施战略性管理，首先要求管理者拥有长远的眼光，以一种系统的逻辑思维来思考和行动，这种行动方式能够让组织行动有序，而要做到这一点，就要为组织提供一套具有全局性的思考逻辑和行动指导框架，这样组织才能够充分发掘环境中存在的各种潜在机会，并进一步发挥自身优势生存下去、长久发展。

3. 建立创业组织

一些创业型大学选择成立自己的创业单元，如研究中心和创业中心，诸如此类的创业组织，整合了大学的学术资源，是科研成果的转化机构。创业型大学坚持学术和创业统一，获得的经济收入能持续投入研究工作，促进大学教育事业发展。

4. 拓展行政部门职能

为了更好地从事规划、宣传等工作，创业型大学内部建立了各类专门的行政部门，负责战略规划和开展对外业务。一个典型的部门，即技术转移办

公室，就是专门为教师和学生的创业寻找资源的职能部门，其支持创业活动的开展，为大学提供专业化服务。

5. 积累社会资本

社会资本指的是个体或组织从社会网络中获取资源的能力。创业型大学注重营造社会网络，社会网络指的是一种工具性的、期望获得回报的正式工作关系，主要有四种。一是大学高层领导的个人社会关系。高层领导的人际关系越广就越可能建立多种富含资源潜力的社会关系，大学就越能从社会网络中获得资源。二是大学与外部组织的联系。创业型大学作为一种新型的大学发展模式，在与外界组织建立合作伙伴关系方面做了大量的工作。三是教师的个人社会关系。创业型大学鼓励教师走出校门，与外部互动。四是组织中个体的内部联系。创业型大学注重教师社会资本的积累，通过举办各种活动促进教师之间的互动，增加教师从其他学科教师那里获得的社会资本存量。

6. 实行愿景式分权管理

创业型大学将原本属于校级高层管理者的权力下放给基层组织，下放的权力主要包括两个方面，即财务分配权和事务决策权。其中，事务决策权指的是创业型大学将决策权交给了专门负责大学战略规划的行政部门，决策不再是领导者个人教育理想的体现。

7. 为创业行为提供制度化的支持与服务

创业型大学的创业过程由大学在组织层面进行科学的统筹规划，大学建立的各行政组织为创业各环节提供了帮助。有了专门机构的帮助，在科研转化和创业活动的开展中教师不再孤军奋战。专门性的创业支持部门为大学教师提供从资金申请到科研成果商业化等环节的专业化帮助。

8. 鼓励教师参与创业活动

创业型大学面临的一个重要问题是如何调动教师参与创业活动的热情，创业型大学将教师的利益与大学创业目标结合起来。对教师来说，精神方面的满足远比物质方面的收获更能激发他们的工作热情。教师的精神满足来源于组织和同行对其本人行为的认可，美国的创业型大学将教师的创业行为纳入考核范围，创业能力成为教师学术晋升和年度评比的重要标准，引导教师投身于创业活动。

在新经济时代，为了应对外界的竞争压力，大学的一些行为发生了转变，大学开始以一种新的发展思路、积极的冒险精神应对挑战和压力，在不断努力和积极进取的过程中寻求进一步发展。创业型大学作为大学的一种发展形式，相较于传统的大学，其组织特征发生了明显改变。具体表现为：组织的灵活性进一步增强；在教学和科研的基础上开始注重科学技术的转让；以一种主动的态度在市场上进行自我营销，寻找各类资源，促进自我发展；对外寻找资源，进行多方面的合作与联盟，随着这些行为变化大学组织发生变革。

创业型大学与外界的联系日益密切，在官产学三螺旋关系中发挥着重要作用，由此促进了一批新的跨越传统大学边界的组织机制诞生，这些新的组织机制促进了科研成果的商业化，催生了新产业，对内外部产生了积极作用，从而推动了国家发展，提升了国家竞争力。

第四章

大学科研评价的现实问题：研究型大学与创业型大学的比较分析

第一节　大学科研评价的导向变革：创造知识与创新知识

从研究型大学到创业型大学，大学科研评价导向发生了明显的变化。不同于研究型大学以创造知识为主的评价导向，创业型大学科研评价的导向是围绕创新知识展开的，尽管同样关注知识本身的重要作用，但两者之间存在显著差异。

一、研究型大学的科研评价导向：创造知识

在工业社会，研究型大学的主要功能是生产知识，为经济和社会的发展提供学术资源，对于这些资源是否会得到使用，大学并不加以关注，即便大学有将生产的知识转向实践应用的情况，也只是少数。

研究型大学强调大学自治，倡导学术自由。在工业社会，研究型大学代表着“象牙塔”式的教育，那时的大学被认为是知识生产的唯一场所，主要功能是为人们提供基本教育和技能训练。在这样的背景下，大学自然而然地被视为促进公众长久利益、增进知识主体研究的唯一承担者。这一时期，知识的合法性体现在教学和科研的统一上，教师从事教学和科研活动都是为了追求所谓的“真理”，大学作为知识生产的场所与社会相对保持一定的距离，这在客观上导致了科研和社会利益的脱节。科学研究主要是为了大学的教学，为教学活动提供可用的资源，这一时期的科研活动是为了更好地认识世界而不是改造世界。

在研究型大学中，研究者从事科学研究，发表的论文是成果载体，现行的大学科研评价制度使一些研究人员为发表而发表，研究人员只专注于知识研究，对于研究成果能否被大众所用，并不加以关注。但大学的发展不能止步于创造知识，而应致力于推动人类实践发展，大学本身就是实现人类经济

社会可持续发展的一种手段。为了适应时代发展，满足创新和创业革命的需要，大学发展范式需要从传统的以研究为中心向以创新创业为中心方向转变，像之前那样仅仅关注创造知识的情况已经无法适应时代变革，大学还需要与市场联系，将创造的知识应用到实践中，使知识产生经济效益。

二、创业型大学的科研评价导向：创新知识

高等教育规模的不断扩大，使大学与社会的边界日益模糊，大学与社会的互动日益增多，在种种因素的作用下，大学正从“象牙塔”转变为为社会提供创新知识和人才的动力站。在现代社会，知识不再是学者或大学的专属活动，一些具有远见的商业人士认识到知识作为一种资源是可以消费的，如果能够将知识合理转化，其价值甚至远远超过其他产业的收益。大学与政府、企业之间的合作关系更加密切，创新政策也不再是来自政府的单方指令，而逐渐成为大学、政府、企业、公众交流互动的结果。大学基于知识创新活动引领科技与经济发展，大学主动探索如何通过知识生产为经济社会发展服务。基于以上变化，相较于研究型大学，创业型大学的科研评价导向发生了巨大变化，这种变化的产生有大学内部的原因，也有外部社会环境的影响。

1. 社会形态的变化

在农业社会和工业社会，人们相信劳动创造价值，而在后工业社会，人们迎来了知识价值革命，基于知识的经济意味着知识可以创造经济价值。大学是人类社会迄今为止最为成功的知识机构，对于以知识为轴心的后工业社会来说至关重要。在农业社会里，土地和人口决定了一个国家的强弱，在工业社会里决定国家强弱的是组织的效率和资源的丰富程度，在后工业化社会，决定一个国家在国际上地位的重要因素是人力资本储备，而高等教育是人才储备的重要机构。在新的历史条件和社会情境下，要想实现国家的可持续发展，就必须把大学作为创新创业的引擎，把高等教育作为创新基础，大力发展知识和创新经济。在不同的时代，大学承担的职能存在差异，在创新驱动发展的新时代，为了满足创新创业需要，大学除了要继续进行知识生产，还要更多地承担创新创业的使命。

2. 经济社会发展的需要

创业型大学是在经济社会发展需要和大学知识生产发展范式转变基础上

人为塑造的产物。20 世纪 90 年代以来，伴随知识经济和知识社会的发展，创新驱动经济发展已经成为不争的事实，从全球范围看，各国积极寻求创新，力图实现经济发展，这直接导致了以基础研究为导向的研究型大学面临巨大的改革压力，面对社会的热切期望，如果大学无法支撑所在区域和国家的创新创业生态系统，大学也就无法实现持续发展。为了促进知识和创新经济的发展，以创新创业为导向的创业型大学开始崛起。

创业型大学的学术研究不单为经济社会的发展储备了人才和智力资源，大学本身产生的科技成果也是国家发展的引擎。这一转变来自两个方面：一是政府的政策驱动。创新在国家发展中占据着重要的地位，所以各国都在积极寻求创新，力图以创新引领国家发展，实现本国在国际上综合实力的提高。为此，政府出台相关支持政策，鼓励大学将科研成果转化为促进经济社会发展的具有经济价值的产品。二是政府的总体方向把控。在政府大力宣传创新创业并制定了相关政策后，在政策的驱动和创业型大学所起的示范作用下，越来越多的大学开始自我革新，不再将自身局限于以往的功能，开始从科技创新驱动经济社会发展的角度重新思考大学在新时代下的特殊使命和学者进行学术研究的目的，将学术创业作为自己的又一大使命。

创业型大学并不局限于增长的科研经费，或者是在有名的刊物上发表论文，而是努力让师生参与经济社会发展研究，通过创业公司的新合作项目、孵化、公司业绩、新专利技术转让等，创造更多就业机会，促进地方经济社会健康发展。

3. 大学自身发展的需要

当下大学面临的关键问题就是对于现实重大问题的关注不够，目前的科学研究更加重视以论文为载体的研究成果在学界的研究价值，但实际上这种成果对现实社会的影响并不大。为了适应经济社会发展的需要，现代大学的学术研究需要淡化论文发表的极端重要性，在强调学术价值的同时积极引入市场思维和创业思维，注重对现实问题的回应。

在创新驱动战略下，现代社会对于创新创业的需求越发强烈，大学的科学研究在一开始就应该具备实际应用的意识，在前期研究过程中为技术的商业化和最终的产品化做好必要的准备。当前基于经济社会发展范式的转型，以及大学和科学自身合法性的变迁，大学的科学研究中需要引入市场逻辑和创业思维。

长期以来，大学的学术研究遵循科学逻辑、科学规范，对于研究人员而言，他们习惯从学术话语逻辑出发，重要的是，他们清楚地认识到研究对象的存在、结构和特征。但社会更看重的是所研究的问题是否能够解决社会面临的实际问题，这才是价值所在。在时间和资源都比较有限的条件下，大学应该集中精力解决一些重大的发展问题，一些纯粹为了知识而知识的学术研究不应该是科研活动的主流。

在近年来的学术研究中，科学逻辑日益显现局限性，而市场逻辑在与科学逻辑的竞争中日益显示出优势。一些研究型大学正在脱离科学理论，将学术研究直接应用于服务社会和经济发展的实践。高质量的论文并不是大学研究的唯一目的。只有建立起创业的心态，让专利申请、技术转让、新业务开发成为大学发展的方向，才符合社会发展对大学提出的新要求。然而，真实的情况是这样的：经过数百年的发展，大学内部已经形成了稳定的公共科学体系，受学院学术化和院系制度严格规定的影响，在现有的大学学术环境中注入创业理由和市场逻辑需要从改变传统理念上下功夫，而观念的改变绝非易事。但如果我们成功引入创业的逻辑思维，将创业市场引入先进的知识生产，知识的传播和应用可以融合在学术研究的整个过程，则大学可以为社会发展做出更大的贡献。

三、案例分析：大学创新创业导向与国家战略的结合

当今时代，各个国家为了提高自身的科学技术在全球的竞争力，鼓励创新，而大学作为未来人才储备和知识生产的重要场所，势必要和国家的战略相结合。

1. 美国创业型大学

作为创新创业的高地，美国已经形成一套行之有效的创新生态系统，该系统持续推动美国经济增长，巩固其在全球范围内的科技领先地位。美国的研究型大学是构建国家创新创业生态系统的主体，美国的大学向来有服务社会发展、积极回应社会经济发展需求的作用。1876 年，美国约翰斯·霍普金斯大学建立，它是美国第一所研究型大学。美国的研究型大学在建立之初所承担的任务和一般的研究型大学并无不同，主要是教学和研究，后来美国研究型大学在进行上述两项活动的同时还承担促进经济发展的任务。一些

研究型大学在其周边形成创新格局，利用大学产生的知识创新成果，引资创办高技术公司，加速科研成果转化，承担促进经济发展和提高国家竞争力的重任。

美国政府始终将创新作为驱动国家竞争力提升的核心要素，从宏观层面来看，美国基础学科的科学技术与知识、大学内部转型、大学与产业部门的联合创新、大学与产业部门的一系列制度安排和方式决定了大学在国家创新中的主体地位。从微观层面来看，大学内部鼓励发扬创新和创业的文化，一些学院甚至尝试创建新的公司，通过支持各种孵化器的建立和发展为新企业的创建、发展提供支持。美国大学为了进一步促进创新，在内部成立专门机构，如技术转移办公室、科技园、概念证明中心等。美国的很多大学和学院都拥有自己的创业项目，通过利用大学研发活动产生的技术成果，结合当地宽松的政策环境，美国大学实现了以知识资本转化来促进当地经济增长的目的。

美国大学为研究人员提供多种多样的创业及相关课程和计划。学生通过接受创新创业教育，提高对创新创业的认识，挖掘创新理由。此外，近年来美国大学的教育方法有了新的发展，在传统教育的基础上提倡体验式和应用式学习。过去，大学的讲堂以提高学生对知识的记忆为主，现在则进一步强调知识的适用性，重视通过工作坊、会议、实践等方式鼓励学生参与创新创业活动。此外，还支持创业教育和科技创新实习项目，为学生就业做好准备。美国斯坦福大学创立了世界上第一个大学科技园，并在此基础上形成了硅谷，斯坦福大学也实现了向世界一流大学的转变。斯坦福大学的成功因素很多，但最重要的一点是依托大学的优秀学科建立了与企业之间的联系。大学既为科技园内的企业提供科技和人力方面的资源，又能从企业中获得学校发展所需的物质资源，同时大学将科技园作为人才培养、科学研究、社会服务融合发展的平台。

威斯康星大学麦迪逊分校的“创业食品店”，是美国大学为了鼓励学生进行经验学习和应用学习而开展的项目，项目以“抓住机会，赶紧创业”为口号，帮助学生与具有丰富经验的创业成功者交流和学习。为了有针对性地提高学生的创业和商业技能，除了开展直接的交流和学习外，还成立了威斯康星创业中心作为训练基地，基地内有专门的大学教师和项目专业人员担任导师，在训练基地内，学生可以从实践中感受创业活动的魅力。比如，当学生参与具体的项目之后，可以获得一周的集中训练，通过与企业家接触，学习基本的商业技能。在教学过程中，学生并不是被动地接受枯燥的知识，而是主动提出创业中遇到的问题并初步制定解决方案，富有经验的企业家和教师进一步优化学生的方案。诸如此类的创业实习项目可以推广实用的知识和技术，促进区域经济发展。

如今，包含美国在内的许多国家都制定了鼓励创业的政策。大学教师作为传播知识的重要群体，在知识的扩散和创新变革中扮演着重要角色。美国大学格外注重对于教师创新创业精神的培养。当前，许多美国大学通过各类培训活动让教师熟悉创新创业知识，并帮助教师利用技术转移办公室实现科研成果的转化。为了进一步提高教师对于商业化活动的兴趣，美国大学注重建立起教师和当地社区、企业的合作。大学通过聘请专门的人员，将具有相同兴趣的教师联系起来，共同分享关于创建创业公司、许可技术以及与工业合作的信息和经验。美国大学引入“驻校企业家”这一职位，该职位由具有实际企业管理经验的企业家担任，在校教师通过与企业家的交流进一步提高创新创业技巧。教师和外界交流逐渐密切，由此获得资本和其他类型的支持。一方面，大学帮助企业部门了解大学研发活动；另一方面，大学为教师提供与企业等部门接触的机会，推动教师的创新创业。加州理工学院就搭建了专门平台，促进教师和企业联系，大学教师可以向投资者展示自己的构想，向他们介绍新的或是有希望商业化的技术，投资者在讨论后会给予教师相应的指导意见。

美国大学为教师提供了更多与外界交流的机会，使他们能够与有经验的企业家合作，这进一步拓宽了教师的眼界，也在大学校园内部形成了浓厚的创新创业文化。

2. 新加坡创业型大学

建设创新型国家、实施创新创业驱动发展战略是 21 世纪各国的发展共识，在信息技术和知识经济时代，为了推动创新创业战略深入实施，最核心的一点就是人才，最根本的在于提高全民的创新创业精神，而提高全民创新创业精神最有效的方式就是推动创新创业教育发展。联合国将创新创业教育形容为与学术教育、职业教育并重的“第三本护照”。

新加坡的大学创新创业教育起步较早，在众多开展创新创业教育的高校中，南洋理工大学迅速崛起。南洋理工大学的教育贯彻了政府制定的“教育必须配合经济发展”的方针，紧紧围绕国家的战略需求和区域经济发展需要开展创新创业教育。南洋理工大学教学任务和科研活动并重，科研成果直接与社会对接，从而实现了教学、传承、生产和应用的无缝对接，形成了一套较为完善的创新创业教育体系。

2001 年，新加坡经济发展局和南洋理工大学共同建立了南洋科技创业中心，并开设了面向本科生和研究生的创业课程。本科生除了学习各自的专业知识外，还可以选修创业学、创新和科技管理、电子商务等课程。南洋科技创业中心的课程设计注重学生的互动性，通过案例分析、拓展训练等方式将学生置身于创业环境，促使其主动思考创业项目，真正做到了理论和实践相结合。对于研究生，南洋理工大学开发了契合企业成长发展的研究生课程，该课程涵盖了初创阶段、成熟阶段企业的各项运营事宜。此外，2008 年，南洋理工大学与全球最大的创业基金会——考夫曼基金会合作，授权南洋科技创业中心开发考夫曼创业快捷课程，该课程能够深化中小企业管理人员最新管理知识的认识，同时培养他们对于商业机遇和挑战的战略眼光。南洋理工大学重视与企业之间的合作，成立了 NTUitive 公司，鼓励教师和学生创新创业。NTUitive 公司汇集了技术研发、知识产权、金融业务等各方面的顶尖人才，为创新创业提供支持。在南洋科技创业中心，南洋理工大学的教师、本科生和研究生可以自由开展各项创业活动。南洋理工大学通过南洋科技创业中心和 NTUitive 公司打造了创新创业的技术产业链。

南洋理工大学之所以在短期内迅速成为国际知名高校，最主要就是将学校发展和国家创新创业战略相结合。

3. 创新创业导向在我国大学的发展

近些年，教育部印发了各类文件，对科研评价活动进行政策性领导，一个总体方向是强调改变以往科研评价中科研项目数量或费用指标过多、目标过高、教师职称（职务）评价依赖度过高的做法，改进不合理使用论文、专利、项目和经费等方面量化评价指标的做法。其中，“坚持服务国家需求和注重实际贡献”不仅是对新时期高校教师评价提出的要求，更指出了知识经济时代对高校科研评价的新导向。

教育部之所以对科研评价提出新要求，是基于创新已经成为知识经济时代促进各国综合国力提高的重要因素的大背景。基于国家提出的新发展理念，为了进一步提高创新在国家发展中的重要作用，政府在各个环节增强了对于创新创业的宣传和支持，制定了各类政策意见，指导高校开展丰富的创新创业活动，提高大学生的创新能力、实践能力和创新精神。国家部门推出的文件都对高等教育的创新创业工作提出了更高要求。如何贯彻落实上述文件要求，使大学发挥促进社会经济发展的效能，是新时期高等教育面临的一大课题。

我国高校在推动创新创业方面已经取得了一定的成效，但与许多发达国家相比仍然存在较大差距。在学习别国经验时我们首先需要明确，创新创业教育在如今的高校教育中是至关重要的，其重要性丝毫不输给学术教育，因为创新有利于实现经济发展方式的转型，而创新创业教育能够提升学生综合素质，培养学生的创新创业精神。目前，虽然我国很多高校都设置了创新创业的课程，但整体性明显不足，课程的开设更多是为了完成任务，没能从根本上激发学生的创业热情。

第二节　大学科研评价的方式变革：学术共同体和客户导向

科研评价是对科研活动及其绩效的评价，在很大程度上决定了科研工作的未来发展方向，其重要意义不言而喻。建立什么样的评价标准以及如何开展评价活动以尽可能客观、公正和适当地评价科学研究，是一个全球性的挑战。世界各国政府、机构、大学都在努力寻找更合理的评价方法，但还没有制定具体的标准。

大学作为一个学术共同体，组织成员是各位学者，这些学者具有共同的学术信仰和追求。正因为有了学术共同体的存在，大学才充满创新的生机与活力。要使大学始终保持旺盛的生命力，就必须不断激发学者探索未知、崇尚科学的热情，让他们能在自由的环境下进行科研活动。大学科研评价的目的不是让学者一定做出怎样的成就，而是要培养学者对科学的热爱，这份热爱将激励他们不断攀登科学高峰。因此，大学在制定科研评价体系时要尽可能回归科研本质，着眼于保护学者对于科学的奉献精神。

科学研究的出发点和落脚点都是不懈地对未知进行探索，进一步解释世界从而促进人类更好地认识与改造世界，这是每一位科研工作者承担的神圣使命，也是科研活动的价值所在。要评价一名科研人员是否对科学发展做出了实质性贡献，不能仅仅着眼于研究成果的数量和形式，而要把之前对科研进行评价的目的从原本的形式评价转变为实质评价，也就是说，基于学者的研究成果内容本身做出客观、公正、恰当的价值评判。

一、科研评价方式

传统的科研成果评价方式分为定性、定量以及定性与定量相结合，具体包括同行评议法、文献计量法、层次分析法等。这些科研评价方式本身并不存在问题，但针对不同情况应采用不同的评价方式，使用不当会产生严重的后果。

1. 定性

这种方式主要采用同行评议法对科研成果进行性质上的非量化的价值评判。它的优点在于，专家主导的科学问题评价可以避免或减小评价信息和数据不完整所带来的局限性，特别是在某些因素无法量化的情况下。它的缺点也很明显，即作为由人来主导的活动，在评价过程中难免会受到主观或非科学因素的干扰，从而影响结果的客观公正性。

同行评议的历史更为悠久。作为最早使用同行评议的国家，20 世纪 30 年代，美国将同行评议引入对科研经费的评审，随后欧美国家也开始广泛采用，这种评价方法逐步发展为国际学术界通用的评价方法。目前，我国高校也主要采用这种评价方式。

2. 定量

这种方式主要采用文献计量、成本效益分析等方法评判科研成果。因为采用数字化的分析方法，所以结果相对客观公正，不会受到主观或非科学因素的干扰，但会受到数据来源、样本容量等因素的限制，并且一些指标无法量化，从而影响结果。

国内的各大高校有着规范的科研评价细则，这些规则具有明显的量化倾向。科研成果的数量成为大学评判学者研究贡献度的主要标准。现在存在一种评价标准，如果一个学者发表了大量的论文，拿到了较高级别的科研项目，争取到了充足的科研经费，那么学术界便认为这名学者的科研水平较高。这种以高度量化为主要特征的科研评价方法，在调动科研人员的积极性和创造性方面起到了一定作用，但过度量化带来的问题值得学术界反思。我国传统的科研评价过度重视量而忽视质，存在“唯论文、唯文凭”“发表论文数”等数量上的衡量方法，在一定程度上缺乏学术界相关专家的定性评价。

3. **定性和定量结合**

定性和定量相结合的方式综合了以上两种方式的特点，是运用内部评价和外部评价等方式进行的综合判断。

科研评价方式本身并无问题，但近年来我国高校出现了评价方法使用不当的问题：在实际评价活动中对科研评价方式适应域选择不当，缺乏扬长避短的整合，采用单一的评价方式对不同的学科进行评价。

二、研究型大学的科研评价方式：学术共同体

传统的学术评价有两种，一种是基于内容的学术评价，另一种是基于形式的学术评价。传统的学术评价有以下特点：首先，学术界的成员必须是同伴或专家；其次，学术评价的政策标准是学术界制定的，必然会与学术研究的专有形式和方法相束缚，造成相对破坏；最后，从评价主体到评价体系再到评价过程，学术评价的自主性特征非常突出，使学术评价局限在相对纯粹的边界内。我国高校采用的科研评价方式主要有两种，即同行评议和量化评价。对于同行评议，我国学者多数持赞同态度，但同时承认其局限性。综合各学者的意见，同行评议主要存在场域自主性弱、成本较高、可能出现学术不端行为的问题。而量化评价可能催生急功近利的思想，容易引发学术不端和学术腐败行为。

目前，我国研究型大学的科研评价大多由校内外专家和相关的行政管理人员组成评价主体，通过会议评价、通信评价等形式来完成。这样的评价主体导致评价结果的公正性和客观性受到质疑，受人际关系和行政关系的影响，校内专家给出的意见会受到公正性质疑，而校外专家的意见也会受到学术圈子“熟人现象”的冲击。当前，我国高校的科研评价主体比较单一，学术共同体作为科研评价的主体缺乏相应的政策支持和行动策略，导致其成为科研评价中坚力量的条件并不成熟。学术共同体评价制度虽然在很大程度上能够形成学术规模，但同时也将教师的学术追求和利益直接挂钩，妨碍教师主动

性的发挥，增加了大学教师在学术上的短视行为，不利于创新的发展。

三、创业型大学的科研评价方式：客户导向

进行大学科研评价，是为了提高科学研究质量，并对科研经费进行有效的分配及使用。同行评议是衡量大学科学研究质量的传统方法。但是，跨学科的不断发展导致同行专家难以达成共识，必须联合很多行业专家共同评议。随着科研资助者越来越强调投入的资源可能带来的回报，客户（资源供给方）的质量评价已成为高校科研质量评价中不可回避的问题。随着科学研究质量控制标准的多样化，科研评价正从学术评价向利益相关者评价导向转变。

传统的科研评价侧重于探索科研成果在学术层面的价值，然而，知识经济时代，大学更多地参与社会服务，和区域经济发展密切相关，这就导致以往单纯关注科研成果在学术方面价值的科研评价标准已经不再适合。在新的评价阶段，评价方法要摆脱同行评议和文献计量等方法的桎梏，合理考量科研成果对社会的影响，这就涉及科学研究的外部评价问题，即如何把外部公众纳入学术评价体系。

培根曾提出科研评价的内外两个标准：一是以推理和证明为主的内部标准，二是以实际应用为主的外部标准。现代社会改变了科学与技术、知识与应用、大学与政府、大学与企业之间的关系，形成了知识生产过程中新的利益格局。在以知识经济为基础的环境制约下，政府和社会力量渗透到大学，大学为了适应时代的要求也主动向社会和政府张开"怀抱"，种种变化都表明知识生产和经济社会发展的深度融合。知识生产的动力逐步向实用性靠拢，这一变化要求高校对现行的以学术共同体为主的学术评价模式进行变革，引导研究人员在关注知识的学术价值的同时合理兼顾学术外部的社会公众利益需求，并充分考察到科研工作在推动经济和社会发展方面的使命。

传统的大学科研评价以学术为主，评价标准也仅局限在学科内部，虽然也涉及科研成果社会贡献度等内容，但仍以学术贡献为主。在创业型大学科研评价中，虽然评价内容也涉及学术，但在知识生产和知识转移的商业化运作背景下，科研成果的市场价值被重视的程度越来越高。在以具体应用为主要价值标准的背景下，一项科研课题的研究意义不再仅仅由同行评议决定，而是由来自不同领域的多个利益相关者团体共同决定。科研成果在转化应用

阶段的价值应取决于应用者的评价，这种来自终端的评价主要是从知识的应用效益方面来衡量其贡献大小的，所以科研评价的主体应该是社会中的终端用户，并非仅仅是学术研究者的同行专家。

因此，创业型大学的科研评价标准不仅考虑学术标准，更将经济标准充分考虑在内。传统的科研评价模式只注重知识生产，缺乏对知识转化过程的重视，由客户主导的评价模式则弥补了这项不足。以客户为导向意味着要适应市场的需要，客户是科研成果的检验者，检验和评价并不完全相同，评价的目的是得出结论，而检验的目的则指向应用，科学研究只有通过应用才能体现出其贡献价值。客户是科研成果的推介者，科研成果的转化需要评价，更需要社会的认可，这一空间的拓展必须交由非学术影响评价者来完成，局限于纯学术研究范围内的评价是无法完成的。客户也是科研成果的需求者，非学术影响评价丰富了学术评价的方式方法，也拓宽了学术成果的转化路径，更多非学术影响评价主体是来自实业界的人士，他们正好是科研成果的市场接手，在给予科研成果切实评价的同时，也给予科研成果价值诉求。

四、案例分析

在知识生产模式现代转型和公共科研资助诉求等多重逻辑的驱动下，世界主要创新型国家都开始了科研评价体制改革探索，下面本书将通过具体的案例来分析创业型大学的科研评价方式。

1. 美国创业型大学的经验

美国著名教育专家欧内斯特·L. 博耶提出了 4 个学术评价原则，即学者的性格、学术工作的标准、学术证明和过程的可信性，指出优秀的学术研究工作有 6 个值得达到的标准，即知识、明确的目标、适当的方法和程序、创造性地使用资源、有效和良好的沟通、重要的绩效。这 6 个标准一直被视为评价高校教学、科研和服务绩效的指标，具有较强的客观性和科学性。20 世纪 70 年代，美国著名科学家阿尔文·温伯格提出了“温伯格规则”，认为科学研究的选择有内部和外部两个标准。其中，内部标准指的是科学研究的效率准则，他着重强调科研评价的外部标准；外部准则指的是用途准则，指科学研究最终的评价标准除了包含科学价值和技术价值还应该包含社会价值。

QS 世界大学排名作为世界上极具权威性的大学排名榜单之一，该排名能够在很大程度上反映外界对于大学科研的认知情况。该排行榜运用 9 个方面的指标来衡量大学水平。一是学术领域的同行评价，该指标在总分中占据 30% 的比例，主要基于对行业内学者的调查问卷回复来评定；二是全球雇主评价，在评价中占 15% 的比例，这一指标需要结合调查问卷的结果进行评价，问卷需要由雇主根据各个大学毕业生就业能力填写；三是单位教职工的论文引用数，占 20% 的比例，这一指标用于衡量大学在学术方面的影响力；四是师生比，这一指标占总评比分数的 10%；五是国际学生比例，占 5%，用来衡量大学中来自其他国家的学生比例；六是国际教师比例，能够反映大学吸引世界各地学生的能力，在最终评比中占 5%；七是可持续性，占 5%；八是就业能力，占 5%；九是国际研究网络，占 5%。

随着大学资金来源的不断拓宽，作为投入资源的一方，会要求从大学的科研活动中有所获益，因此美国大学的科研评价非常重视利益相关者的参与，科研评价主体不仅限于学校内部的教师和学生，还有政府、学术同行、企业、社会受众等不同的利益相关者。根据斯坦福大学维克多·鲍德里奇的观点，大学和学院作为一种独特的组织有其自身特性。作为一种特殊的学术组织，它被视为服务顾客的机构，学院和大学则是“加工人”的场所，这里的人指代校内的学生。社会将有特殊需求的顾客送入学校，学校对他们进行培养，然后把他们送回社会，为社会服务，所以顾客的需求和意见极其重要。由于美国高等教育已经形成了为客户服务的理念，研究型大学大多充满创业精神，从多个维度为客户提供多元化的学习机会，这进一步满足了广泛客户的需求。

2. 英国创业型大学——以华威大学为例

华威大学于 1961 年由英国政府建立，自成立以来，在教育和科学研究方面取得了卓越成就，已经成为英国乃至欧洲新兴大学发展的典范。

在英国，大学对科研和技术的评价主要基于英国大学的科研评价体系，分为两个步骤：第一步，由评估小组确定评估的具体标准；第二步，大学在两年内必须准备好自己的评估材料，各部门评估小组根据提交的数据审查之前为各大学制定的标准，基本按照一定的规则计算出各大学部门的科学质量，然后由主评小组审核并最终确认结果。

华威大学在科研评价方面成立了专门的评议会，管理科研工作。评议会每年召开一次会议，由校长主持，主要讨论相关的学术事务，监督 4 个学院委员会、研究中心和研究机构的活动。不同于以往以学术共同体为主的评价，华威大学的评议会成员来源较广，包含校长、各学部的部长、著名教授、各学院的院长以及推选出来的师生代表。相较于研究型大学以学术共同体为主进行的评价，作为利益相关者，华威大学将学生和教师也纳入了评价主体范围。评议会的职责主要包括负责整个大学的学术、管理大学的教学和科研活动、监督和管理学生的学习和考试、审批学位授予、管理教师的福利待遇等。除了让教师和学生参与科研评价，华威大学还重视让客户参与到评价中，如华威大学的技术转移办公室参与评估大学创新。通过引入利益者参与科研评价，华威大学的国际声誉进一步提高。

第三节　大学科研评价的内容变革：单一学科与交叉学科

创新是发展的不竭动力，时代的发展呼吁不同学科进行联动，综合各学科的知识和思维模式，以此推动认知的进步和实践的进展。原本限于单一学科框架内的研究方法已经成为科学研究的阻碍，学科交叉式的研究成为科研活动方式的重要创新。科学技术的发展和创新型人才的培养需要各学科之间相互融合，交叉学科通过学科交叉教育可以有效解决社会问题，培养出时代需要的创新人才。

一、研究型大学的科研评价：基于单一学科

在传统大学中，科学研究往往在一个部门内进行，在组织上，各部门形成制度和团队，独立研究。因此，以传统院系或专业为基础的内生性大学科研组织过分追求短期效应，导致学术壁垒的形成，制约了学术联系与合作，阻碍了科学技术进步。新的发展时期在客观上要求大学科研组织是跨学科性的，这种科研组织的人才流动性和知识生产机制的灵活性更具有动态性和开放性，因此在资源优化配置上比传统的知识生产组织更具有优势。

在研究型大学，大多数教师受到“以学科为中心”的导向型思维影响，往往是在本学科体系内开展教学和科研工作，大学承担着人才培养的重要任务，如果大学教师只是将单一的学科知识传授给学生，那么学生的发散性思维会受到限制，未来也无法成长为复合型人才，这就要求教师具备跨学科的视野和学科交叉融合能力。但由于不同学科采用的研究方法、面临的研究对象不同，一些大学教师往往将自己封闭在舒适区内，从而形成了学科边界和专业壁垒。

单一学科的研究特点使得研究型大学的科研评价局限于单一学科内部。当前，我国教学和科研评价体系存在指标单一、程序化等问题。大学一直在进行评价指标的改革，但尚未形成一套科学化的评价体系。绝大多数大学还是将教师的绩效考核、职称评定等事关教师前途的考核指标放在单一学科体系内，看的是教师在单一学科内的成果，这在一定程度上限制了教师拓展自身研究兴趣的积极性。对于已经出现的众多交叉学科，多学科知识领域、研究模式的交叉导致学科内部难以客观地对研究成果做出评价。对于教师来说，在单一学科内部开展工作往往能确保科研成果得到一定认可，尚未形成有效的跨学科科研评价体系将会在很长一段时期内限制跨学科发展。

当今社会，人类社会面临一系列环境、资源、生态等科技难题，这些难题往往涉及多个学科知识领域，单一学科知识无法有效解决问题，因此利用交叉学科知识对问题进行剖析并加以解决，是促进社会良好运行现实问题得以解决的重点，这就迫切需要高校培养出具有跨学科知识和技能的复合型人才。

二、创业型大学科研评价：基于交叉学科视角

在我国，交叉学科指由两门或两门以上的学科交叉渗透组成的，以成熟的学科为“学科群”核心，学科间在生态环境和学科内部张力作用下产生的新学科。国内相关文献资料对于“跨学科”和“交叉学科”的理解不甚相同，但本书涉及的“交叉学科”和“跨学科”都指“学科边界跨越”，为了便于行文，这里的“交叉学科”可以等同于“跨学科”。

交叉学科，也被称为“跨学科”。1926 年，心理学家伍得沃斯正式提出“跨学科”一词，并将其定义为超过一个学科范围的研究活动，这是目前已知

的关于学科交叉融合最早的说法。跨学科解决问题思维方式的培养已经成为高校教学工作的关注点，因为随着科学技术的快速发展，学者们敏锐地察觉到，当前以及今后一段时期，跨学科的联合将会更高效地解决问题，科学的突破点也将产生于此，而未来科学研究的根本特征便是“跨学科性”。

目前，跨学科学术研究评价理论和方法在跨学科论文评审、管理评审、任务设置、绩效评价、团队建设、人才培养、职称评价等方面都发挥着直接、积极的推动和规范作用。跨学科的研究方法和评价理论对科研的产出意义重大，研究方法用得好、评价理论合理，有利于提高科研人员的工作积极性，对于跨学科的研究体制建设、在高校之内形成浓厚的跨学科研究文化氛围，具有重要意义。我国科学研究长期以来存在原创性探索不足的问题，其中部分原因就在于研究者学科背景相对单一，不具备广阔的交叉学科视野。跨学科研究的评价理论和方法研究，有利于跨学科研究的普及化和规范化，有利于甄选高评价指标的典型经验向其他领域推广，进一步拓宽单一学科学者的研究视野，推动我国科学、教育、社会、经济、文化等领域复杂性问题学科与跨学科整合协同研究。

创业型大学本身就极为注重知识的创新与应用，不断产出高水平、原创性的科研成果，培养高水平的创新型人才，从而打破传统的知识体系限制，融合不同学科之间的知识。与研究型大学在从事科学研究和科研成果评价时采用单一学科方法不同，创业型大学在从事科研活动和进行科研成果评价时是基于交叉学科视野的，能够在最大限度上激发高校创新活力，提升高校创新质量。

三、案例分析：创业型大学交叉学科的组织模式与运行机制

美国的大学自诞生之日起就不缺乏创新和创业精神。这就是美国能够成为创新和创业的摇篮并在创业大学建设上获得世界关注的原因。20 世纪 60 年代，随着美国对科研经费支持力度的加大，美国大学开始进行跨学科研究，建立了一系列跨学科研究平台。21 世纪以来，美国创业型大学跨学科研究继续深化并广受重视，学科交叉融合进一步发展，学科体系进一步复杂，从原本单一的链条式结构逐渐发展为纵横交错的立体网络结构，呈现全方位、多层次、大跨度等鲜明特点。经过长期发展，美国大学已经形成了成熟的跨学

科融合体系，并采取各种措施促进跨学科研究。

在美国众多的创业型大学中，斯坦福大学为了促进学科交叉融合的发展，开展了相关计划，并取得显著成果，被认为是全球创新创业大学发展的典范。其中，斯坦福大学建立的跨学科研究中心是推动斯坦福大学各种前沿研究和产学研的关键。该机构的核心任务是开展跨学科研究，其研究具有项目导向性、部门交叉性和组织开放性。除了研究活动，该学院还开设研究领域的多学科课程。

作为亚太地区发展创业型大学的典范，新加坡南洋理工大学只用了短短十余年时间就“弯道超车”，实现了跨越式发展。这样的成绩与其“创新高科技、奠定全球性大学，全方位教育、培养跨学科博雅人才”的办学愿景及一系列落实举措密切相关，大力推进跨学科研究、成立跨学科研究生院是其颇具代表性的措施之一，其建设经验值得借鉴。

下面对斯坦福大学 Bio-X 计划和新加坡南洋理工大学的交叉学科建设进行分析，以此窥探创业型大学交叉学科的组织模式与运行机制。

1. 美国——以斯坦福大学 Bio-X 计划为例

斯坦福大学 Bio-X 计划是一个以生物学为基础，涵盖医学、工程、计算机科学、物理、化学等的大型跨学科研究项目，专注于多学科、多维度地应对生物科学的挑战。其中，“Bio”是生物学的简称，“X”指与生物学交叉的学科，如工程、化学、人文、伦理学。自 1998 年生物化学家詹姆斯·斯普迪赫和物理学家朱棣文共同发起该计划以来，该计划整合了来自各个领域的资源，聘用了数千名研究人员，在生物科学领域取得了许多成就。2014 年，该计划被美国著名学术机构美国国立大学选为生物学研究的模范。

Bio-X 计划能够成功的原因在于其建立了与高校学科交叉融合发展相适应的完善的创新要素，形成了高校学科交叉融合发展创新体系。

（1）设置项目驱动的独立科研机构

斯坦福大学在校内设置的独立的 Bio-X 研究机构，是由来自各学院的研究人员组成的科研组织，该机构的行政级别和各学院的行政级别相同。在 Bio-X 研究机构内，不同学科、不同领域的科研人员可以自由展开合作，打破界限，将跨学科、跨领域的专业人员汇集在一起，以科研项目为桥梁，形成稳定、长期、活跃的项目关系网，展开多学科交叉合作研究。

（2）构建高效组织模式，建立科学管理机制

Bio-X 计划由学校部门直接领导，在内部建立起了分级负责的管理制度，在科研、人才、财务、设备等方面都有具体的制度可依。

在学校层面，该计划由副教务长办公室直接负责，办公室内设有“副教务长”一职，作为办公室最高负责人，其对科研及研究生事务负责；在内部管理上，该计划实行以下模式：委员会领导、主任负责，执行主任协助实施，多个项目负责人负责具体项目，行政管理人员辅助运营。重要事务由副教务长办公室处理，如审核、监督、决策平台运行的人事、财务、设备等。例如，斯坦福大学跨学科生命科学委员会、执行委员会、科学领导委员会和种子基金委员会在各个方面指导相关工作，包括研究方向、项目支持、外部合作和资金申请。主任和执行主任通力协作，主持内部项目的规划和日常运作；科研人员直接向 Bio-X 主任和执行主任报告，执行主任为具体项目主任；博士后、博士和本科生利用 Bio-X 资源进行项目研究；行政管理人员负责平台网络、财务、宣传等行政管理工作。Bio-X 领导人员可兼任多个岗位，进行跨岗位管理，提供不同层次的管理支持，促进学科交叉融合，这极大地提高了行政管理效率。

学科交叉需要一定的规范管理和指导，为了促进跨学科研究，斯坦福大学对校内所有的学科交叉机构都建立了标准的规范和管理制度，为此，学校专门制定了“科研政策手册”，对学校的学科交叉机构策划、成立、运行进行指导说明，约束学科交叉机构的人员组成、职能定位等，为不同学科的交叉融合提供坚实保障，有利于研究人员更加规范化、高质量地开展跨学科研究，产出科研成果。

（3）建立设备资源共享机制

为了促进不同学科的研究人员建立科研共同体，斯坦福大学为 Bio-X 计划搭建了公共设施服务平台，投入了大量资金，用于购置先进的仪器设备，为研究人员提供最先进的核心设施。这个平台在斯坦福大学完善的设备管理制度下建立起了设备资源共享运行机制，通过对设备的合理管理，设备的使用效率大大提高，资源使用效率最大化，并进一步释放了平台科研服务潜能。种种措施实现了大型科研仪器设备对跨学科交叉研究的支撑作用。

（4）形成交叉学科协同创新机制

Bio-X 计划实行以项目为中心的管理制度，在具体科研项目的指引下，来

自不同院系或学科的研究人员组成团队，共同完成项目任务。为了保障项目顺利完成，有时候团队也会与校外的研究者以及来自产业界的工程师进行合作，共同围绕一个重要的研究方向开展创新合作，由此也组建成了新的多学科协同的创新团队，提高了工作效率。合作创新团队中的研究人员采用跨学科研究方法打破了从属关系，在部门行政管理的束缚下，形成了一个“知识交易区”，这样的协作环境更容易促进新知识、新原则、新方法的产生和沉淀，也提高了团队的整体能力。

（5）优化考核体系

在教学研究绩效评价方面，斯坦福大学设置了多种评价指标来评价教授。主要从以下几个方面入手：一是学生评价、个人评价、部门领导的同行评价等；二是从教学、科研、社区服务等方面评价教师培养学生的能力、学术影响力和对学校的贡献。此外，斯坦福大学的专业教育和学习中心还安装了评估系统，评估结果反馈给教授，有助于提高教授的教学能力。斯坦福大学多层次的评价体系弱化了论文、项目等量化指标，通过强化科学、理性研究成果的贡献，为教师评价提供了综合依据。这些规则保证了跨学科合作参与者的合理权力范围和绩效归属，对跨学科关系提供了有效的规范和约束。

2. 新加坡——以南洋理工大学的跨学科研究生院为例

20 世纪 20 年代，新加坡进入建设智慧国家、发展创新经济的新阶段，为了更好地在国际竞争中获得发展优势，该国对于跨学科复合型人才的需求量急速增加。南洋理工大学在全球范围内邀请知名智库，根据国内外发展环境，形成跨学科发展理念，并于 2012 年成立了亚洲第一所跨学科研究生院。自成立之日起，南洋理工大学跨学科研究生院就确立了融合创新思维与跨学科思路，通过多学科研究和创新型跨学科研究生培养，推动突破性思维发明和技术迈出校园、走向世界。经过多年的建设，该学院已成为南洋理工大学复合型人才培养的摇篮、跨学科研究的平台、校企合作的纽带。

（1）跨学科研究生院的运行模式

跨学科研究生院高度重视跨学科特色人才培养模式。为了提升跨学科研究的整体水平，经常组织各种研讨活动，包括专家研讨会、学生研讨会、年度研讨会等，邀请全球范围内的相关领域专家到学校举办各类讲学活动，开展交流，借助南洋理工大学高度国际化的教师及科研人员团队（访问学者和博士生）进行研讨，并且在课程设置与考核方面充分考虑学科交叉因素，不断推进跨学科研究。

跨学科研究生院在发展规划和顶层设计的基础上，围绕其整体发展目标，设计了战略性项目主持制度。项目负责人负责本领域跨学科研究博士生相关政策的申报、审核和实施。在学校奖学金和经费的支持下，委托和牵引研究项目，招收多学科博士生，进行多学科研究。同时，跨学科研究生院围绕不同的战略方向，结合项目的实际实施情况，建立相应的跨学科研究机构，包括研究中心、研究所和实验室。它们作为跨学科研究的载体，搭建起培养从事跨学科研究博士生的平台。这样的组织设计形式将博士生的培养与跨学科研究灵活结合起来，从而实现了良性互动与协同发展。这种制度对于跨学科发展是非常重要的。

在博士生培养方面，南洋理工大学具有鲜明的特点，在强调研究深度的同时对于研究广度提出了更高要求，强调以跨学科视角研究问题，将传统的单一学科培养逐渐转变为交叉学科综合培养。并且其强调，研究不应该限制于解决理论问题，而应注重对于应用性问题的解决，将原本小而单一的研究方向拓展到大而复杂的综合研究领域。

在跨学科研究生院，学生可以根据教师的跨学科项目申请博士职位，但对于申请跨学科项目职位的学生有较高的要求，需要在学科背景和科研能力上有良好的表现。一旦获得了跨学科研究项目职位，博士研究生都能获得相应的奖学金。跨学科研究生院为每个博士生安排来自 3 个不同学院或研究机构的导师，分别担任主导师、合作导师和顾问导师，对其进行联合培养，顾问导师不需要对学生进行实时的科研指导，学生通常只要每半年向顾问导师报告跨学科研究进展情况即可，顾问导师会从学科外部（第三方）角度为学生提出建议，同时顾问导师也负责协助学生解决沟通障碍问题，协调导师与导师、导师与学生的研究合作关系。

在课程设置方面，跨学科研究生院的博士生除了需要完成本专业 4 门主干课程学习，还需要完成至少 2 门交叉专业课程学习，同时需要分别面向本专业和非本专业学生开设学术讲座，以检验其是否能将不同学科的知识融会贯通，深入浅出地予以理解和阐述。

借助特有的跨学科优势，南洋理工大学聚焦大型企业综合性、复杂性、前瞻性课题的科研公关，促进相关科研力量的整合，深入推动校企合作。其中，最为典型的案例就是由跨学科研究生院牵头组织，依托南洋理工大学能源研究所的科研力量与英国劳斯莱斯公司建立起来的联合实验室。为了达成合作，学校与英国劳斯莱斯公司和新加坡国家研究基金会（NRF）共同投资7500万新加坡元，在5年内启动了32个项目。该实验室与能源研究所以及南洋理工大学的四大工程学院，即电机与电子工程学院、材料科学与工程学院、机械与宇航工程学院、计算机工程学院密切合作。

（2）项目驱动的交叉学科运行模式

南洋理工大学的跨学科研究生院可以通过下设的科研机构和平台承接外部的重大科研项目，出于顺利结项的需要，跨学科研究生院会根据一定要求在全校范围内聘请兼职教师、博士后和科研人员组成专门的跨学科研究团队。

项目顺利结项后，现有的研究团队可以继续负责新的项目，也可以解散。南洋理工大学可以按照“教授+博士后+博士生”的模式组成PI（Principal Investigator，主要研究者）团队（这种模式高度尊重科研人员的学术自由，所有教授、副教授、助理教授都是独立的项目负责人）。根据新加坡的科研经费政策规定，教师本身并不能为本人支付绩效工资和劳务费，而是由项目负责人根据项目需要和预算，在研究经费中列支人员费用，以自主聘请不同学科的博士后和博士生，项目完成后与聘用人员解除聘任关系，形成了以项目为载体的良性发展机制。同时，学校对多学科研究项目的筛选标准相对宽松，是基于合作方完成任务的需求。对于在跨学科研究生院兼任科研职务的导师，由相关学院审核，业务团队根据其对项目的贡献提交意见，学院对教授在跨学科研究平台的研究成果予以表彰。

（3）完善的交叉学科基础保障体系

交叉学科发展不是孤立的，而是系统化、综合性的支撑体系，涵盖人才、经费、科研组织、国际化等方方面面，在单独设计跨学科发展建设政策的同时，相关基础配套政策方面的推进同样重要。

南洋理工大学的跨学科研究生院不断加大跨学科人才引进力度。实现高校跨越式发展最核心的要素还是有能力的学者，具有前瞻视野、跨学科背景的学科带头人能够为科学研究注入新的活力，进而获得新的成果，在加大人才引进、经费投入力度的同时，高校更应加强人才工作软环境建设，提升配套服务水平和质量，为人才成果产出提供保障。

南洋理工大学跨学科研究生院一直注重推动各院系等资源共享，积极鼓励开展跨学院、跨学科的团队合作，尤其是形成了以任务为导向的团队机制，在全校范围内对优秀人才进行双聘，建立完善的成果双边表彰机制和评审评价方法。以解决重大科研问题为核心，对团队进行全面考核，采取多种措施，建立了完善的南洋理工大学跨学科研究生院跨学科基本保障体系。

第四节　大学科研评价的机制变革：产学研机制与三螺旋机制

一、研究型大学：传统的产学研

1. 传统产学研理论的产生

传统的产学研合作关系起源于第三次大学革命。正如上文提到的那样，在中世纪，大学是知识的“象牙塔”，主要功能是教学。到了 19 世纪初，威廉·冯·洪堡创造性地提出一个新观念——大学的使命是“教学和研究相统一”，这是最早的学研结合的标志，威廉·冯·洪堡提出的新理念使当时的高等教育焕发出新的生机，并在往后很长的一段时期对高等教育产生重要影响。

至于从学研发展为产学研，主要与美国的赠地运动有关。

1862 年，美国通过《莫里尔赠地法》，至此大学与社会发展的关系日益密切，大学主动承担起“为社会服务”的职能，大学产生的知识成果、培养的人才源源不断地流入社会，大学成为社会发展的重要推动力。这一点可以从“威斯康星思想”和“斯坦福工业园区”的成功中看出，产学研相互合作的思想已成为经济发展和国家创新能力提升的重要动力。

2. 传统产学研理论的局限性

研究结果表明，传统产学理论的合作主体多为大学、科研院所和企业，三方通过科技成果的转移、科研人员的流动和科研经费的提供建立了合作关系。这种合作主要采取校企或研企的线性合作模式。这种单向的线性合作模式存在自发性、随机性，缺乏主动性、规范性。

虽然传统的产学研理论在发展中不断取得新的进展，但在合作规模、合作水平等方面仍然存在不足，伴随知识经济时代的到来，传统的产学研理论已无法适应创新型国家的建设要求。

（1）理论体系不完善

传统的产学研理论对政府和中介组织的作用研究较少，缺乏对区域创新的研究。尽管各个主体在不同层面上展开沟通协作，但合作模式多为点对点的线性合作模式，合作创新效率不高，对资源的整合不够优化，容易造成资源浪费。

（2）行为主体单一，功能定位模糊

由字面理解产学研理论，很容易将行为主体限制在产业界（企业）、大学和科研院所之间。实际上，现在的产学研各行为主体已经得到极大的扩展，不再仅仅是字面意义上的3个主体，更包含诸如政府、产、学、研、中（中介）、金（风险投资金融资本）等主体。对产学研的理解不能过于狭义，一旦错误或不完整地理解其含义，那么在研究其运行机制、行为模式等问题时，就很容易遗漏政府、中介机构等其他主体在产学研系统中的地位和作用，也就无法贴合实际情况，提出的观点自然无法具备充分的信服力。

参与合作的主体不断增加，联系日益紧密，这使各行为主体的功能定位和各自担任的角色变得模糊。以大学为例，随着实际情况的不断变化，大学职能的拓展使其与社会的联系日益紧密，大学不但为社会输送大量的人力资本、科研成果，而且进一步拓展自身职能，与社会生产联结。部分企业则结合自身发展需求在内部设立教育和研发机构，这些机构除了为企业培养未来发展所需的专门人才，也开始研发自己的科研成果。政府的角色也有所突破，在传统的产学研合作中，政府往往充当单一的规则制定者和行动引导者的角色，但现在政府逐渐转变为创新主体，加深与社会和大学的合作，有时候甚至能够将信息、资源和资金提供给其他主体。第三方组织（如金融、中介机构）通过为区域产学研创新提供金融服务和中介服务，一步步摆脱了创新网络边缘者角色，在科研成果转化的过程中充当了重要角色。各参与主体角色和功能的演变与拓展尚未被认清，而重新明确各主体之间的良性互动可以进一步提高创新的能力和效率。

3. 合作模式单一，创新机制简单

在传统的产学研合作中，参与到其中的各个主体大多采取的是产学（研）点对点式的合作模式，即单纯的线性合作模式。这种单线程的合作模式，因为参与合作的主体较为单一，且合作模式并不复杂，并且没有重视政府等其他重要创新主体在合作中的地位和作用，导致各主体无法充分发挥潜能，限制了产学研合作的高效发展。同时，由于线性合作模式的局限性，产学研合作的规模相对较小，创新效率相对较低。

传统的产学研合作中，创新活动主要通过两种方式完成，一种由各行为主体独立完成，是大学或科研机构研发出新型技术和设备后由自己实现成果的转化，具体方式可能是大学或科研机构自己联系有需求的企业，将技术以约定的报酬提供给需求方；另一种以委托外包的方式完成，是技术的供给方（大学或科研机构）通过中介实现技术转让并获取相应报酬。企业想要获取技术和设备，则可以自行联系大学或科研机构，也可以通过支付酬劳委托相关机构研究自己所需要的技术。这个合作过程看似维持了正常的供需关系，但实际上这种合作属于一个主体对应另一个主体的单线式创新机制，这种机制有很大的局限性。从市场机制角度来看，这种机制没有遵循正常的市场竞争原则，很容易导致行业垄断。另外，这种仅局限于为数不多的企业和大学之间的合作，也可能会因为缺乏必要的竞争从而使总体创新效率大大降低，这种单线程的合作模式迫使企业不得已承担大部分的创新风险。从企业商业利润角度来看，为不确定的创新成果承担所有创新成本加重了企业的经营负担。另外，如果大学的科研成果没有办法及时转化、回馈给社会，对社会资源也是一种严重的浪费。

二、创业型大学："产学研"理论的现代化——三螺旋理论

1. 三螺旋理论简介

作为产学研理论在现代的发展，三螺旋理论在原理论的基础上实现了新的突破，不再拘泥于大学和企业之间的双螺旋线性结构，形成了一种新的3个主体参与的大学、企业、政府三螺旋非线性网状创新模型。该理论模型描述了知识商品化不同阶段不同创新主体之间的多重关系。知识商品化过程中，企业、大学、政府三方基于促进经济发展的需求，通过合作与交流（需要指出，这种合作与交流不局限于正式形式，还包含各种非正式形式），相互影响，同时交叉上升，形成三螺旋的新关系。三螺旋理论发展了传统的产学联合理论，有利于促进学术界、产业界、政府更紧密合作，从而促进全方位的

合作与创新。

2. 三螺旋理论的创新点

三螺旋理论从新的视角对传统的产学研理论进行了补充和完善，成为传统产学研理论的创新范式，而三螺旋理论创新点主要集中在以下三个方面。

（1）对传统产学研理论的补充

三螺旋理论在传统产学联合理论基础上，对产学联合各创新主体的功能和作用进行了新的解读，并重新确立大学的职能和作用。基于三螺旋理论，三螺旋模式积极运行的基础和前提是大学的学术核心、知识创新和技术转移。在区域产学研创新体系中，大学特别是研究型大学作为经济发展的催化剂，在生产和传播新知识、新技术方面发挥了重要作用。而企业作为三螺旋创新的主体之一，主要通过技术需求推动产学合作，进一步推动企业技术创新，促进区域创新发展。政府则作为企业、学术界和科研院所创新的支持者，通过政策和资金来促进创新发展。

（2）提高了创新效率

三螺旋理论对产学研协同创新的解读有利于重新认识各个创新主体在创新活动中的作用。三螺旋理论着重强调各创新主体在区域内的协同，并且在三螺旋理论中，各区域内的环境、资源、政策、信息等创新要素在各创新主体间的流动也是现代理论研究应该关注的内容。相对于传统的产学研围绕具体项目展开合作，三螺旋理论更重视相关主体相互作用形成的创新动力，努力营造出一个新的创新空间，这一点远远超出了传统产学研点对点式的合作模式。在这种新的模式下，区域内各主体之间的关系处于一种动态变化状态，当区域内一系列创新要素，如信息、环境、政策等资源发生变化时，主体之间的关系也会随之改变，不同区域有着不同的产学研合作模式，各有特色。

传统的产学联合理论合作主体少、合作规模小、模式相对单一，由此发展起来的三螺旋理论则完善了以上三点，丰富了传统的产学合作模式。三螺旋理论创造了一个涉及多主体的复杂、多维的区域创新网络类型，它还包括两种不同的创新类型，即区域三螺旋创新模式和区域非线性网络创新模式。根据一些学者的说法，组织间的连接模式不再是一个简单的个体实体，而是一个新的金融、社会和智力专业知识和资本网络。该网络在整个创新体系结构中维持成员创新进步和技术合作交流等主要功能的正常运行，通过网络和知识的凝聚，实现资本在创新网络中的自由流动。在这里，创新网络体现了现代产学联合的合作形式，是现代产学联合理论的创新模式。

（3）拓宽了创新机制

通过对传统产学研创新机制进行分析，可以看出其属于单向创新，这种方式在效率、成本、风险等方面存在不足，创新的效率不高，同时使主体承担了较高的成本和风险。但三螺旋理论的出现，通过引入合作创新机制，弥补了以往理论的不足。合作创新是在理想条件下的创新，使资源和要素能够有效衔接，打破创新主体和各主体之间的限制，充分释放各主体所具备的人才、资本、信息、技术等创新要素，加深彼此间的合作，互利互惠。

在三螺旋理论中，旧的大学、企业、政府的界限逐渐被打破，三者的功能和作用在重叠和渗透中融为一体。除了保持原本创新主体的作用和地位不变，还会继续强化其他两个主体的一些特征和传统功能。与此同时，构成三螺旋的每一主体在内部结构和功能上都有了完善，各机构获得了更大的能量，实现了更多的互动与合作，汇聚成源源不断的创新流，不断加强跨越边界的合作创新。根据三螺旋理论，产学研基本原理出现了新的变化，彼此之间更紧密的合作是以企业为主体的技术创新链、以大学和科研机构为核心的知识创新链、政府三方合作与制度创新链螺旋在保持独立性的同时，通过共同创新和共同完成创新活动，创造更大的创新价值。相较传统产学研理论中自发、随机、简单、单向为主的合作机制，三螺旋理论提出的协同创新机制在处理资本、信息、人才和技术资源的过程中能最大限度保持创新主体的积极性，更容易促进资源流动，弥补了单向创新机制中成本高、风险大的不足，提高了创新效率。

三、案例分析

1. 创业型大学科研评价的重要目的：技术转移

（1）技术转移的概念

随着大学与社会经济发展的融合，大学的社会服务功能正体现在对国家和地区经济发展的贡献上。正如著名经济学家莱斯特·瑟罗所说，教育和劳动技能是主宰 21 世纪的竞争武器。到目前为止，大学一直被认为是将知识、创新、商业化转化为经济发展计划和行动的主要机构。大学的科研活动及相应的发明、创新和商业化活动是高校参与区域经济发展的主要渠道之一。

在知识经济和全球化背景下，知识已经成为经济资源最基本的组成部分和经济发展最重要的因素，技术转移和知识外流成为区域经济发展的强大动力。技术转让是科学技术经济价值实现的重要标志，是一个国家和地区加快科技进步、增强经济竞争力的重要手段。技术转移活动有多种形式，如发明披露、专利申请和授予、专利和其他知识产权许可以及同其他外部机构签订协议开展合作研究等。高校通过这些活动形式，将其所产生的发明和其他知识资产转让给外部机构，供其进一步开发和商业应用。随着技术转移的实现，生产、传播知识的大学越来越进入经济社会发展的中心。大学既是高素质人才和劳动力的培养基地，又是科学理论、科学知识和科学技术孵化和生产的重要来源。技术转移是产业分工和绩效转移的必然要求，是实现技术创新和促进经济发展的关键环节，是连接科技与经济的"桥梁"和"纽带"。

大学生产出的科学技术通过相关平台实现技术转移，既能够促进科学技术及时应用，又能够为高校吸引来更多的资源，促进学术研究进一步发展。大学技术转移有两种基本形式：一是技术许可模式。在这种模式下，提供技术的一方以技术许可协定的方式将自己有权处置的某项技术按照合同约定的条件许可对方使用，并以此获得一定的使用费或者其他报酬，如通过技术合作、技术咨询、技术服务等形式将知识转化为具有实际价值的产品。二是衍生企业模式。

（2）美国大学的技术转移——以斯坦福大学为例

美国大学的技术转移活动开展较早，其活跃度一直处于世界前列，并且政策法规体系比较完善，不管是大学技术转移体系还是政策法规方面，都对我国有较大的借鉴意义。1980 年，美国国会通过《拜杜法案》，该法案的实施有效地促进了科研成果的商业化。该法案支持美国大学或非营利机构对联邦政府资助的研究拥有专利和知识产权，并通过技术转让将其商业化。作为创新驱动发展的国家，美国强大的创新能力与美国大学在技术转移方面的贡献密不可分。美国大学年专利申请量虽然只占 4%，但专利许可费收入占 12%，收益超过 10 亿美元。美国研究型大学的技术转移客观上为美国的科技创新和经济社会发展不断注入新能量，20 世纪 80 年代以来，技术转移成为美国大学的主要关注领域之一。现如今，美国的研究型大学几乎都设置有技术转移办公室。各个大学的技术转移办公室在多年实践后，利用有限资源，立足本校实际，在实现技术转移以及完成科研、教学和社会服务职责之间找到了平衡点。下面以斯坦福大学作为典型案例来分析美国创业型大学的技术转移情况。

1970 年，美国的斯坦福大学建立了技术许可办公室（OTL），旨在将大学技术上的成就转化为服务社会的实际产品，并将获得的收益返还给发明者、大学和社会。斯坦福大学主要是通过技术许可方式进行技术转移的。斯坦福大学的 OTL 以专利许可的形式把斯坦福大学的先进科研成果转向其所在的硅谷和生物技术湾的高科技公司，直接带动了湾区生物产业、计算机和信息网络以及微电子产业的兴起，促进了区域经济发展。目前国内有许多文献从不同角度对斯坦福大学技术转移进行了分析，认为斯坦福大学 OTL 的创立是斯坦福大学技术转移成功的关键。

斯坦福大学 OTL 的主要工作是评估斯坦福大学教职员工和学生披露的发明的商业可能性，并在可能的情况下将它们授权给企业。当一项发明获得成功或获得技术许可时，OTL 会向发明人所在的部门、大学和发明人本人分发现金或股票。此外，OTL 的功能不断拓展，主要任务如下：促进斯坦福大学技术转移，使师生技术进步给社会带来利益的类型产品可以用于社会变革，同时帮助发明者和产生收入的一方，支持大学的研究和教育自由流动。

斯坦福大学拥有专业的技术转移团队，精干、专业的技术转移团队是推动技术转移的必要条件。由于近年来斯坦福大学的发明多数来自生命科学与物理科学，所以 OTL 要求员工具备生命科学、物理科学或者两者兼具的专业知识背景，同时还必须具备法律、管理等方面的知识背景，要求每一个员工都可以负责一项新发明从发明披露到最后技术转移成功的整个流程。

斯坦福大学推行以专利营销为主的技术转移方式，OTL 亲自管理专利事务，并将专利营销放在重心位置。当一项新发明申请完专利后，OTL 工作人员不是等待企业找到该专利，而是主动去寻找潜在客户，为客户简要介绍该发明及其能为企业带来的市场价值，主动进行专利营销，这大大增加了专利转让的机会；同样，也有助于为潜在客户提供公开、公平的访问机会。

为了兼顾各方的利益，斯坦福大学的 OTL 制定了合理、明确的收益分配政策：OTL 收取 15% 的收入用来维持自身正常运转，剩下许可费的 85% 分配给发明人、发明人所在系和学院。适当的物质奖励鼓励发明人以更多的精力投入基础研究，同时发明人所在系、学院也能因发明人的新发明而受益，这不仅提高了发明人在所在系、学院的地位，也使系、学院更加支持发明人的研究，从而形成一个良性循环。

我国在技术转移的道路上经过多年的探索，取得了一定的成绩，但根据中华人民共和国科学技术部 2017 年发布的《我国高等学校 R&D 活动统计分析》，高校作为卖方在技术市场签订技术合同 7.0 万项，占全国技术合同比例的 19.0%，与世界发达国家 40% 的转化率相比，我国高校科技成果总量较多，但技术转移率总体上还处于较低水平，所以学习国外高校的有关经验对促进我国高校的技术转移发展至关重要。

2. 创业型大学科研评价的重要平台：衍生企业

（1）衍生企业的概念

大学衍生企业虽然也是企业，但和普通企业存在区别，衍生企业主要利用大学的科研成果，从事产品生产和服务。这类企业多是在大学孵化器的支持下，由学术创始人将技术知识转化为商业创意而成立的一种特殊企业。大部分衍生企业都具备两个特征：一是企业的创始人必须是来自大学的雇员；二是企业赖以生存的核心技术是大学转让的。

高校依托自己产生的科研成果，将知识转化为具有市场价值的产品和服务，以此来创造知识的生产力。衍生企业就是将所创造的知识转移到社会上，把知识转化为对社会有用的实际财富，即大学技术转移。

在经济全球化时代，知识和科技的迭代速度快，产品和服务的更新速度也随之加快，高校作为前沿知识与科技的重要生产场所，为衍生企业在市场中取得不败之地提供着符合市场要求的知识技术。大学衍生企业与其他企业相比有着得天独厚的优势，是大学知识市场化，将知识转化为实际生产力不可或缺的重要平台。大学长期以来的科研经验积累以及科研成果产出为衍生企业提供资源优势，有利于衍生企业在同类企业中获得竞争优势，大学与企业互相扶持，一方提供资金产品和服务，另一方提供知识技术和科研成果，两者之间的发展、名誉效应亦会对企业的发展和大学吸引优秀人才提供巨大的帮助。母体大学与衍生企业之间的互通关系节省了许多合作伙伴寻找成本，能以最快的速度将科研成果转化为产品和服务，尽最大可能避免许多不必要的中间环节。两者间互相扶持、互相发展，为知识技术的市场化、科研成果转化为实际生产力提供了良好的前提条件，有利于科学技术进步和区域经济快速发展。

（2）美国大学的衍生企业——以麻省理工学院和斯坦福大学为例

美国在第二次世界大战后产生了大量的大学衍生企业，一些杰出的大学衍生企业为美国经济发展做出了重大贡献，典型案例就是麻省理工学院的繁荣、斯坦福大学与硅谷的崛起，这是大学作为衍生企业助力国家经济发展的成功案例，这一类企业引领了美国电子、网络、基因工程、生命科学和技术产业的蓬勃发展。美国模式的大学衍生企业重视研究成果的转化，重视企业的培育，把大学的创业活动作为科研与经济的纽带。

大学功能的拓展使其自然卷入国家经济发展，开始为国家经济发展服务。为了在大学科学研究和工业生产之间建立起联结点，美国政府制定了一系列法律。各种激励方案的实施大大减少了大学科研成果转化的障碍。研究型大学科技衍生企业的巨大成功，一定程度上也促进国民经济发展，使研究型大学与社会建立起更紧密的联系，对社会要求更加敏感。优秀的科技衍生企业甚至正在成为国民经济发展的支柱。美国成为全球科技创新强国，离不开高技术企业的贡献。在美国，企业以研究型大学的学术资源为依托，在一所或几所研究型大学周围形成了一个高科技企业集中区，世界著名的硅谷就是一个典型的例子。

斯坦福大学（含研究园区）本身就是一个孵化生态系统，通过企业资助研究、技术移转或衍生企业股权取得企业经费，学校创建或由校友、教职员工创建的公司有 1200 家以上，斯坦福大学持有股份的公司有 80 家以上，其中知名的公司有思科系统公司、雅虎、谷歌等。斯坦福大学衍生企业的成功经验以及创业种子基金的磁吸效应，吸引了全球一流人才汇集，造就了硅谷传奇。

科技型衍生企业为美国经济发展做出了重大贡献，在众多科技型衍生企业中，仅麻省理工学院一所研究型大学就催生了大量的衍生企业。1989 年，波士顿银行估计衍生企业每年通过正式和非正式渠道为马萨诸塞地区提供大约 30 万个工作职位。粗略估计，20 世纪 80 年代，在每 25 个衍生企业中就有一个来自麻省理工学院，这些企业有效促进了马萨诸塞地区的经济增长。

衍生企业在美国起步比较早且经过了漫长时期的稳步发展，不仅数量上不断增长，发展质量上也不断提高。随着全球化的进一步发展，信息、人员和资本正在进行快速而丰富的无边界流动，大学职能得以拓展，企业和大学联动，大学与工业界联系日益紧密，在美国，许多大学的研究项目得到了产业界资助。大学与企业出现了职能互相融合的态势，两者的边界不再那么清晰，所以大学型企业会获得发展，并将促进社会经济长久发展。

从研究型大学到创业型大学，大学科研评价的具体内容发生了相应变化，具体而言就是科研评价的导向、方式、内容和机制发生转变。

在科研评价导向方面，研究型大学关注创造知识，而创业型大学注重创新知识以及知识的应用；在评价方式上，研究型大学实行以学术共同体为主的评价，创业型大学则推崇让客户共同体等利益相关者共同参与到评价过程中，以促进评价科学化和民主化；在评价内容方面，研究型大学局限于单一学科，创业型大学则关注到了交叉学科的融合发展对于科学研究的重要作用；在评价机制方面，不同于研究型大学以传统官产学理论为基础的评价，创业型大学以创新的三螺旋理论为基础。

第五章

创业型大学科研评价的要素识别与模式构建

第一节　高校科研评价的反思

为推进一流大学和一流学科建设，我国积极推动产业结构和高等教育融合。例如，国家层面发布了《深化新时代教育评价改革总体方案》《教育部关于深化高等学校科研评价改革的指导意见》（教技〔2013〕3号），河北省发布了《河北省人民政府关于统筹推进一流大学和一流学科建设的意见》（冀政发〔2016〕22号），将高校科研成果和产业发展相结合，让高效科研成果促进地区产业发展，同时让地区产业发展反作用于高校科研的进步。然而，即使如此，科研成果仍较大程度上在“象牙塔”顶端，我国传统科研评价要素重量而轻质的问题仍很突出。

一、高校科研评价体系存在的问题

科学研究是指为了增进知识（包括人类文化和社会的知识）以及利用这些知识去发明新的技术而进行的系统的创造性工作。科研评价是运用一定的评价方法管理科学研究的过程。高效和科学的科研评价有助于促进科学研究，提高科研水平。学者张艳等在研究中提出，在进行科研评价之前，我们首先要总结科研管理及评价中存在的问题，要立足科研评价管理，对科研评价进行剖析。但是，我国对科研评价的定义大多强调科研论文发表和获奖的重要性，注重同一学科体系内的同行评议和行政体系内部的行政评价，对于科研成果是否能转化成生产力、知识是否能够创造价值、知识迁移是否有效并没有给予密切关注。

我们该用什么指标进行科研评价？我们应如何进行科研评价？当前，在对科研人员进行管理评价的时候，存在的“五唯”（“五唯”是指“唯论文、唯帽子、唯职称、唯学历、唯奖项”）问题导致科研人员盲目追求成果数量。当科研工作存在竞争时，一些科研工作者不再坚持有价值的科学研究，而是盲目追求时事热点，迎合评审专家的喜好，导致科研工作变成恶性竞争。

传统的科研评价不适应新时代经济与科技发展的要求，缺少与企业的联系，更别提产教融合与校企合作，不利于高等教育进一步发展。传统的科研评价要素存在诸多弊端，造成很多不公平现象。

二、高校科研评价体系的发展趋向

我国大学传统的科研成果评价经历了多个阶段。20 世纪 90 年代，着重对科研项目学术成果进行产出评价，看重数量，评价指标主要包括获奖、论文和专利等的数量。21 世纪初从注重数量向注重质量转变，开始关注重大创新成果、目标完成度和政策引导，如承担战略性科技任务情况、高质量科学论文发表情况、重要国际学术会议特邀报告情况等。2005 年以后，我国开始注重以基础数据为基础，以政策导向为重点，关注科技创新能力、整体发展绩效对研究工作基础性、战略性、前瞻性的引导，选取论文、专利、人才、重大创新贡献等基本指标，构建创新能力指数定量测评体系。随着经济社会发展需要和大学发展范式的变革，创业型大学逐渐出现。

随着知识经济的到来，许多科学家开始关注创业型大学的发展。美国著名科学家亨利·埃兹科维茨借鉴了生物学中的三螺旋理论，提出了建立创业大学的三螺旋模型。他从三个部门的作用和它们之间的关系出发，详细讨论了三螺旋理论以及创业大学的内涵和特点。有学者根据我国大学科研实际情况分别构建了大学自然科学科研评价指标体系和大学人文社会科学科研评价指标体系两套科研评价体系。在创业型大学发展的过程中，既要避免大学创新创业的官僚化和功利主义，又要合理延伸大学的服务边界。因此，围绕高校的目标定位，应创新高校的科研管理模式，优化科研绩效评价内容，由此激发科研活力和提升科研水平。

从对创新型和创业型大学的研究中我们可以看到，人文科学和社会科学与自然科学以及科学和工程在科学研究评估方面有所不同，但它们又有一些共同之处。学者邱俊珲综合考虑了创业型大学建设模式的内涵和特点，并基于创业型大学构建过程的复杂性，主要从五个方面进行了阐述，即目标要素、结构要素、制度要素、机制要素和环境要素。通过观察企业之间的关系、学校组织结构的变化并分析学校发展模式，我们可以了解这些不同因素对学校发展的不同影响，由此得出科研评价六要素，即客观要素、结构要素、机制要素、环境要素、文化要素和经济制度要素。这几个要素分别对应于任务驱动——大学科研理念的转变；主体协调；大学科研方法的转变；跨学科——大学科学研究的组织变革；客户评价——大学科研评价方法的转变；国家应用——大学科研优先。

第二节　创业型大学科研评价的要素识别

三螺旋模型展现了高等教育在知识经济社会中的重要作用。大学是科学研究空间和技术创新空间得以形成和发展的关键，甚至还有望成为三螺旋战略性发展的机构。随着知识经济的不断发展，大学在科学研究、教育导向和社会服务方面的任务不断改进。一种促进创业的大学组织形式正在形成，大学的使命扩展到社会服务。在三螺旋模型中，政府、大学和企业生产了相应的产品。本节将在新知识范式和三螺旋理论的指导下，确定创业型大学科研评价的要素。

一、案例研究方法概述

创新创业型大学由研究型大学转变而来，综观国内外现有的研究型大学的科研绩效评价指标体系，大体来说有两种，一种是研究机构的学术评价指标体系，另一种是商业机构的统计排名评价指标体系。这两种指标体系不仅采用的指标各不相同，而且各指标的权重也有较大差距。当今世界比较权威的几个排行榜有 QS 世界大学排名、泰晤士高等教育世界大学排名、US. NEWS 世界大学综合排名和软科世界大学学术排名。

QS 世界大学排名主要参考以下几个指标，分别是学术领域的同行评价、单位教职工论文引用数、师生比、国际教师比例、国际学生比例、雇主评价、就业能力、可持续性、国际研究网络。泰晤士高等教育世界大学排名主要参考 5 个指标，分别是教学、研究环境、研究质量、产业、国际展望。US.

NEWS 世界大学综合排名主要参考学术声誉、毕业率和新生返校率、师资力量、新生水准、经济实力、毕业率表现、校友捐赠等指标。软科世界大学学术排名参考的指标为获诺贝尔奖和菲尔兹奖的校友和教师数、科睿唯安高被引科学家数、在 *Nature* 和 *Science* 上发表的论文数、被 Web of Science 科学引文索引和社会科学引文索引收录的论文数、师均学术表现等。通过整理分析上述大学排行榜指标发现，几个排行榜指标在学术水平、国际影响力、教学水平、声誉 4 个方面有共同点。

案例分析法又称个案研究法，是对某一研究对象进行深入研究的方法。个案研究法的特征主要是研究内容综合、研究方法多元、研究对象典型且单一、研究过程多样。通常情况下，研究者选择一个或几个事物或场景为对象，再有针对性地收集数据等资料，用以深入研究，从而来探讨某一事物或者某一现象在某种环境下的具体状态和相关影响因素。案例分析法回答“如何改变”、“为什么变成这样”及“结果如何”等研究问题。案例研究根据研究目的的不同分为 3 种类型：①解释性案例研究；②描述性案例研究；③探索性案例研究。

本书主要目的是探究创业型大学科研评价的模式构建与运行，相当于回答案例分析法中“结果如何”的问题，其构成要素是什么、构成要素的特征是什么尚未确定，因此，笔者将本书的案例研究界定为探索性案例研究。此外，本书不仅要确定创业型大学科研评价的构成要素，还将指出要素之间的相互关系。

根据案例研究对象，本书国外的案例数据来源包括以创业型大学、科研评价等为关键词检索相关文献，整理出来的与研究案例相关的文献资料，各大学网站中公开的信息资料、通过公开渠道收集的学术论文等信息。本书选取斯坦福大学、哈佛大学等 5 所创业型大学，采用内容分析法对其进行编码，筛选出关键要素。

本研究从知网等互联网多渠道检索有关创业型大学科研评价的相关文献资料，采用内容分析法进行归纳、编码，提炼出创业型大学科研评价的关键要素。根据本书所介绍的创业型大学科研评价变革的生态系统，我们将从评价导向、评价方式、评价内容和评价机制 4 个方面对上述大学进行分析，分析过程具体包括 5 个步骤：确定样本、建立分析单元、建构类目、编码与要素条目、文本资料分析结果。

二、案例研究对象——5 所创业型大学

（一）美国斯坦福大学

在斯坦福大学，当某一位教师具有教学与科研任务时，他是不被允许在其他学校或第三方兼任同样重要的管理职位的，在其他地区兼职的教师不能负责相同的事情。当科研管理作为一种特殊的职能开始独立时，这便意味着现实状况变得复杂，科研管理的作用也愈加重要了。一方面，联邦政府资金的注入和科研项目的增加，对大学的科研管理提出了新的挑战，当大学的科研职能越来越稳固与所涉及的场域越来越大时，大学的科研管理结构和运行机制需要满足更多新的要求。另一方面，由于美国大学科研竞争性很强，保持科研的卓越性成为美国大学的内在追求。在内外压力下，科研活动的参与主体需要协调配合，科研人员、科研机构和赞助者之间应建立良好的发展关系，他们都依赖于科研管理者，他们的科研事业都依赖于科研管理机制的有序运作，这对科研管理机构整体提出了更高的要求。

斯坦福大学研究委员会是支持研究的办公机构和管理事务会。斯坦福大学有专门的学术政策，这一政策规定要给予首席研究员充分的学术自由。首席研究员是研究项目的总负责人，因此他的科研能力、学术水平、组织团队的能力和领导能力要十分优秀。当某一学术团队需要进行项目申报时等，首席研究员拥有项目参与人员的提名权和决定权。首席研究员需要对项目负责，包括但不限于监督项目执行情况，收集、管理和保留研究数据、文献，与项目成员顺利交流。不仅如此，学术团队的研究还要具有创新性。

斯坦福大学的研究人员分为一般研究员与高级研究员，一般研究员要晋升到高级研究员的位置，程序非常复杂。这一程序充分体现了创业型大学科研评价体系的贯彻执行情况。在申请时，首席研究员要负责将相关文件有序整理、排列好，并发给相关院系负责人，审查候选人的申请书、履历表。此外，斯坦福大学还邀请校外专家，对候选人进行评价，最重要的是要说明候选人的贡献以及竞争力。

斯坦福大学的评价内容有人类主题研究、人类研究保护程序，包括保证遵照美国卫生与人类服务部（DHHS）的要求，妇女、学生及实验室人员的研

究指引，知识产权，有关专利、版权和有形科研成果的文件。

首席研究员制是斯坦福大学重要的评价机制之一。斯坦福大学的每个科学研究项目都设置有首席研究员，首席研究员是这一科学研究项目的总负责人。对于长期的研究项目而言，首席研究员要有充分的忧患意识，建立保护程序来保护相关数据和文献，确保研究项目顺畅运行，直至完成科学研究，如防止自然灾害等不可控因素和其他紧急情况对项目的影响。

经过第二次世界大战的洗礼，美国大学尤其是美国一流大学的科研能力大大增强，联邦政府资助大学科研的体系逐渐形成。联邦政府加大科研资助力度，科研项目和合同数量迅速增长，几乎所有的大学都意识到需要创建一个新的机构来管理这些内容并协调研究活动。斯坦福大学的评价导向、评价方式、评价内容和评价机制得到充分保护。

（二）美国麻省理工学院

麻省理工学院以学生学业为中心，将创新创业课程体系、实践体系、竞赛体系、教育保障体系融入教学，可以说，麻省理工学院具有完整的创业型大学系统。麻省理工学院一直坚持创业的理念，知行合一，这使其成为全球极具影响力的创新创业型大学之一。此外，它还确立了实用主义的办学理念。

麻省理工学院长期聘任的资助研究人员比较多，但是首席研究人员的数量一般比较少。首席研究科学家、首席研究工程师、首席副研究员的任命必须经过高级管理人员的批准，一般情况下是先经院长或实验室主任提名，再经实验室指导委员会同意，最后经学校理事会同意。

麻省理工学院对于首席研究人员和高级研究人员的任职要求很高，要求他们能够独立进行科学研究，独立创造发明，且在相关的专业领域具有一定的竞争力，取得相应的科研成果并获得专家认可，此外，还应可以指导他人进行科学研究。麻省理工学院的科研活动主要集中在两个方面：一方面是麻省理工学院内部，另一方面是林肯实验室。麻省理工学院的专职科研人员均隶属于各个学院和其所属的各研究实验室，各个学院负责管理这些专职科研人员。相比于这些专职科研人员，林肯实验室的专职科研人员则具有更强的自主性和独立性，其专职科研人员的任用由林肯实验室主任及麻省理工学院的教务长批准。

麻省理工学院设置了专门的机构，为大学生提供创新创业支持。教职工还可以充分开发课程资源，创建完善的创业相关课程体系，以高度呼应学生对创新创业的知识渴求和实践需求。此外，其还加强领导力教育，注重学生创新创业综合素质的提升；面向世界经济，强调学生跨文化创新创业能力的培养；打造网络课程平台，促进创新创业教育普及；实施教师聘用双轨制，提升创新创业教育效果。

麻省理工学院最终形成了一个由创业课程、教师资源、项目中心、学生社团组成的创业评价机制。

麻省理工学院在大学、企业和政府组织的发展方面取得了自己的进步。当内部环境和社会环境与大学的运营模式和组织结构不一致时，麻省理工学院积极采取应对措施。创业型大学的发展过程也是传统大学与政府、大学与企业关系转变的过程。作为较早的创业型大学之一，麻省理工学院在与企业和政府相互依存的过程中逐渐形成了大学领导的三螺旋模式，这加速了大学组织转型，实现了大学在社会中职能的转变。

（三）美国哈佛大学

第二次世界大战前，美国联邦政府针对大学的科研资助等政策极为有限，所以在第二次世界大战之前，美国大学科研尚未形成规模，科研管理也只是由科学家和科研团队成员自己负责。哈佛大学为了确保能在科研评价过程中规范管理、提高运行效率，建立了完善的服务型科研管理模式。哈佛大学制定了完备的规章制度，拥有专业的科研管理队伍，最终，哈佛大学形成了科学的科研管理体系，使学校科研工作有序运行，并不断产出高水平的科研成果。

哈佛大学的每个部门都设立了科研办公室，负责科研项目实施过程中的具体事务。哈佛大学采用面向服务的科研管理模式和经典的两级管理制度来管理科研项目。此外，科研办公室还提供专业的研究服务，以确保科研项目顺利实施、科学家的工作更有针对性。

哈佛大学的研究人员通常采用两种途径进行项目申报。一是根据自己的兴趣爱好，基于自己的研究基础进行申报，研究人员对自己申报的研究项目负责。二是基于学校的研究平台进行项目申报，申报的项目基本上是重大科研项目。这二者存在显著区别，自己申报的项目要坚持公平公正的原则，基于学校平台申报的项目学校要对其负责，学校会做好财务审查和资源整合工作，并报告相关申报事宜。

哈佛大学拥有科学研究和管理培训方法以及丰富的在线培训资源。哈佛大学会为专注于研究和评估工作的教师组织为期一天的短期培训课程，并且提供在线课程。在线课程比短期培训课程长，其缺点是时间长、效率低，但效果比短期培训课程好。在线课程提供特定的教学视频，从科研管理体系的角度教会教师如何实现科研项目利润最大化和成本最小化。此外，哈佛大学为所有教师和学生创建了一个丰富的在线资源数据库（在线资源数据包括杰出的科研成果报告和教师工作手册），该数据库不断更新和发布新内容，还有技术信息处理系统和工具。上述系统培训进一步提高了科研管理和服务水平。

哈佛大学科研评价体系以服务为导向，是一个经典的两级评价体系。这种增值型科研评价体系能够很好地管理科研项目，哈佛大学项目办建立了分工明确的机构，各司其职。此外，资助项目办公室有一套完整的政策法规，包括哈佛大学的一套研究规则，以及预付款管理、利益冲突、成本分摊、成本转移、直接成本、设备管理、差旅会议等方面的系统要求。此外，在外部赞助环境改变与大学自身内部需求的双重压力下，分管科研活动的各个办公室相继成立，每个办公室都职责明确，专业的科研管理人员负责科研活动的每一个环节。现今，哈佛大学已形成了一套渐趋成熟的科研管理机制。

美国是创业教育的摇篮。研究表明，美国 90% 的非营利组织都提供创业课程。哈佛大学的创业计划专注于商学院的 MBA（工商管理硕士），旨在培训学生“从决策者的角度提出问题”，帮助学生识别风险和机遇，并整合能够改变世界创业人才的资源。哈佛大学的研究评估以人为中心，通过对学生和研究人员进行有针对性的教育，激发他们对学习的兴趣。研究人员可以根据自己的利益选择研究方向，以调动自己的主动性，营造良好的科学研究和评估氛围。

（四）英国华威大学

多样性和公平性的组织文化，赋予了华威大学独特的科研评价体系，针对科研人员评价机制和导向的多样性正是该体系独特性的体现。华威大学认为，对待科研评价首先要承认学科与学科之间的差异。每一位科研人员都应能够充分发挥自己的主观能动性，思考的角度不同、过程不同，得到的结果也不相同。华威大学特别重视这种差异，给予每一位教师同样的机会。总之，华威大学崇尚学术自由，内部管理中非常注重学术权力与行政权力之间的制衡与博弈。

华威大学的评价方式大致分为两种，即同行评议和学科评价。同行评议是将科研成果提交给同专业领域的权威人士，参考其评价结果。学科评价是将科研成果放到一定的学科领域，对研究成果提出定量和定性的考核。尽管有两种科研评价方式，但华威大学还是更加注重科学研究的影响性，注重科研评价质量。华威大学科研评价注重原创性，强调对国际科学研究的重要影响。经济、社会和文化方面的研究内容对科研评价的影响大致占比 20%。科研环境（大概可以分为物理环境和客观环境）对科研评价的影响大致占比 15%。其他的还包括研究内容是否具有发展活力或是否存在于可持续发展环境中，是否具有广泛的研究基础等。

华威大学评价内容客观、公正且全面，主要包括以下几个方面：一是领导考核评价；二是教师发展和委员会监督；三是下属或科研人员对领导进行考核；四是学生评价，主要包括教师的教学态度、教学风格和教学效果等；五是自我考核；六是第三方组织评价；七是同行评议。

英国高等教育的评价机制由国家和大学自身两部分组成。英国的创业型大学开创了一种基于科研评估的资助机制。这种资助机制在一定程度上有利于提高高校科研竞争力。优胜劣汰，适者生存，这一评估机制大大提高了华威大学的科研实力和科研管理效率。

华威大学提出“适应时代需求，以科学为中心”的理念。此外，继续探索市场机制，加强基础研究，加强科学基础设施建设。在 20 世纪 80 年代，基于“工业与社区发展相结合”的理念，在教育经费减少的情况下，英国工程、社会和教育学科得到发展。华威大学是一所典型的创业型大学。

（五）美国加利福尼亚大学伯克利分校

该校强调，科研活动的产出和研究人员的创造性思维，应当可以在其公开出版物或公认的原创成果中找到。评估研究人员的研究工作或创造性活动时，不能仅仅列举成果数量，而要证明研究人员持续、有效地从事高质量和有意义的创造性活动。

同行评议制度涉及教师晋升。同行评议主要考核教师任期科研成果出版、外部资金吸收和国际国内学术会议参与等情况。教师晋升同行评议的主要内容如下：一是所有教师初始任命、职位调整或加薪均需对近期教师绩效进行审查。二是晋升与薪水直接相关。加利福尼亚大学伯克利分校有一个按等级晋升的学术职称薪级表。三是实施审查的“深度”。

被审查的组织和教职工首先要准备一份评估报告，报告要包括外部审查委员会成员、评议会联络员以及同校区人员名单。接下来要进行提名，组成3~5人的外部审查委员会。校董会是外部审查委员会与美国加利福尼亚大学伯克利分校之间的联络人，负责评估该部门的整体状况。外部审查委员会委员则研究评估报告、访问现场等。

加利福尼亚大学伯克利分校理事会有大量参与者。该理事会由多名在职教师和退休教师组成。此外，还包括学生代表，他们参与教育事务委员会活动，审议和决定有关学生利益的事项，如课程、膳食和住宿等。

加利福尼亚大学伯克利分校最显著的特点是校董会在共同治理中发挥着关键作用。理事会在校董会的领导下自行决定并选择成员。理事会负责学术课程的审查、学术人员的任命和晋升、入学标准的制定以及其他学术问题的咨询和建议等工作。

受历史、地理位置、使命等因素的影响，不同大学有不同的文化。同样，一所大学的创业文化不仅受到政策的影响，还受到每个学院或部门思想和文化的影响。创业文化极大地影响了加利福尼亚大学伯克利分校的评价方式、评价内容及评价机制，甚至会深深影响每一位教职工和学生对待科研的态度。这样的创业文化会渗透进每一位伯克利人的血液。加利福尼亚大学伯克利分校的创业文化主要体现在三个方面：第一，创业是学术工作的继续，服务于社会，其目标应与大学使命相对应。科研评价与大学的评价取向和学术环境有关。第二，创业文化使得加利福尼亚大学伯克利分校的研究与普通研究型大学不一致。加利福尼亚大学伯克利分校是一所典型的创业型大学，其动机、行为与营利密切相关，这在很大程度上影响了加利福尼亚大学伯克利分校的研究评价方式。第三，创业活动的增加大大减少了教师科研时间，也影响了加利福尼亚大学伯克利分校的评估方式和内容。

三、基于内容分析法的多案例研究

本书将基于三螺旋理论，对创业型大学科研评价进行分析。由三螺旋理论可知，三螺旋成立的前提是大学知识生产能力的增长和对外作用的增强，它既是知识经济形成的基础，也是知识经济时代发展的需要。用生物学上的三螺旋理论来解释政府、大学和企业之间的关系，是因为这三者存在构成DNA 三维螺旋体那样的共生关系。

基于案例的代表性和数据获取的便利性，本书选取了 5 所具有代表性的创业型大学作为案例进行研究，以识别创业型大学科研评价的关键维度。在此，本书根据这 5 所创业型大学，运用内容分析法，以评价导向、评价方式、评价内容、评价机制 4 个要素所具有的特质为依据，拟设置科研要素评价指标。

在确定研究问题后，我们需要从理论研究的角度逻辑地选择相应的案例样本。多案例研究的特点是包括两个分析阶段，即案例分析、跨案例分析。案例分析是将每个案例作为一个独立的集合进行完整的分析，跨案例分析是基于第一种方法对所有案例进行统一的归纳和总结，从而获得更“强烈”的描述和更有力的解释。本书主要采用跨案例分析方法。

内容分析法是一种基于各种文献的半定量和半定性分析方法。为了深入研究创业型大学评估的科研要素，需要以一定的定性材料为基础，因此内容分析法非常适合本书。内容分析法的分析过程可分为 5 个步骤：确定研究样本、建立分析单元、建构类目、编码与要素识别及分析结果。

1. 确定研究样本

首先，本书在确定样本时，以 5 所创业型大学“research handbook”为主要参考资料，使用文献分析软件整理出相关的文献资料。其次，在中国知网使用关键词检索的方式，分别输入 5 所创业型大学的名称，再输入相关关键词，如“科研评价”“创业型大学”“要素识别”“模式构建”等，检索出相关文献数据，并与先前 5 所创业型大学“research handbook”相结合。最后，借鉴相关网站的信息，整理出 5 所创业型大学的案例文件。由此，笔者分类整理出 5 所创业型大学的评价导向、评价方式、评价内容和评价机制方面的内容，分析其异同点。

2. 建立分析单元

因为本书选取的样本经过了层层筛选，数量较少，所以在每篇文章中选取具体的句子作为分析单元。以句子作为分析单元，能够对现有文献进行更加深入的分析和探讨，更有利于要素识别。

3. 建构类目

根据本书所介绍的创业型大学科研评价变革的生态系统，本书确定了科研人员、科研项目、科研成果和科研评价运行机制四大类目。

4. 编码与要素识别

本书分别对 5 个案例文本进行独立编码，由于各个主类目下还分别包含其他关键要素，例如，评价导向下的研究兴趣、多样性组织文化、公平性组织文化；评价内容下的学科影响性、跨学科性、国家级科研项目在研数、省部级科研项目在研数；评价机制下的服务型科研管理模式、经典二级制管理体制、项目审查制。基于此，在对案例文本资料进行编码时本书统一使用次类目进行分析。

5. 分析结果

因为本书文献样本数量较少，且分析单元为较短的句子，所以本书采取人工编码的方式代替软件编码，通过仔细研究阅读，从文献样本的文本中人工选取能够反映研究目的的词汇和典型内容。根据不同词汇出现的频次来判断其与研究中的关键要素是否存在关联。初次编码之后提取所有相关条目，总计 85 条。与评价导向相关的条目共 23 条，其中，7 条描述了国家重大战略，8 条描述了高校学术创业，8 条描述了企业新技术需求。与评价内容相关的条目共 31 条，其中，10 条描述了学科影响性，8 条描述了跨学科属性，13 条描述了科研资金来源渠道。与评价方式相关的条目共 16 条，其中，7 条描述了客户导向，9 条描述了定量与定性考核相结合。与评价机制相关的条目共 15 条，其中，7 条描述了官产学合作，4 条描述了技术管理，4 条描述了项目审查制。各类目条目数分布如图 5-1 所示。

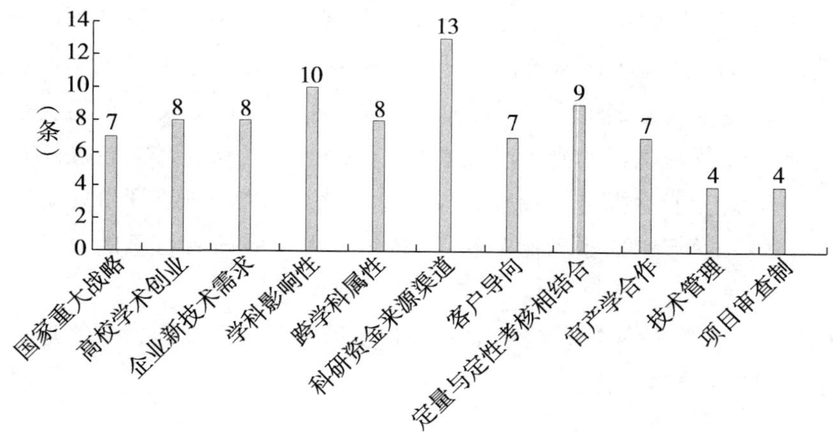

图 5-1 各类目条目数分布

第三节 创业型大学科研评价概念模式的构建

一、创业型大学科研评价概念模式的构成要素

通过对 5 所创新创业型大学进行分析研究，可以得出四大要素、11 个类目：评价导向要素下的国家重大战略、高校学术创业以及企业新技术需求；评价方式要素下的客户导向、定量与定性考核相结合；评价内容要素下的学科影响性、跨学科属性以及科研资金来源渠道；评价机制要素下的官产学合作、技术管理以及项目审查制。

1. 评价导向

任务驱动，这是大学科学研究的理念转变，美国新的科学教育标准将原来的探究转变为实践，其原因主要在于实践与探究存在差别，本书认为科学的探究还需要理论的支持，实践才能真正将理论升华。研究型大学模式把大学作为科学知识生产者，大学主要通过知识溢出与知识线性转移方式影响经济发展。现行的美国研究型大学科研评估制度具有如下 3 个特点：一是在科技评估组织结构方面，以大学为主，政府与社会评估机构并存；二是评估方式采取了硬性规定，即以同行评议为主，科学咨询、通信评估、定性与定量相结合为辅的评价方法；三是在科研业绩考核方面，主要关注教师的科研业绩。美国高校积极与所在州合作，开展实践教育。创新创业型大学需要有企业家精神，企业家精神正是实践的代名词。创新创业型大学借鉴企业家精神，将企业经营理念运用到大学发展中，以学生自身综合素质发展为己任，促进大学生就业能力提升。高校就像一辆“大卡车”，科研评价要素就是这辆“大卡车”运行的“驱动器”和“引擎”，大学应该有自己的办学使命与目标指引。

在整理大量文献和资料的基础上，初步识别了 3 个要素，最终形成模式的要素框架如表 5–1 所示。

表 5–1　评价导向指标要素框架

类别	要素识别指标	要素解释（原文条例）
评价导向指标要素	1. 国家重大战略 2. 高校学术创业 3. 企业新技术需求	1. 由学校科研团队组织申报或在科研申报平台自主申报 2. 个人自由申报的项目，在公开、公正、公平原则基础上进行筛选；学校组织申报的重大科研项目，由资助项目办公室整合学校资源，负责具体申报工作。以人为本，对学生进行学习目的性教育 3. 哈佛大学采用的科研管理体系是校院二级管理体系 4. 华威大学组织的内部评估，以本校的组织系统为依托

2. 评价方式

近年来，“产教融合，校企合作”的形式日益增多，就是大学科学研究方式的重大转变。知识生产的制度安排是影响知识生产效能和知识再生产的重要因素。科研不再是一个人的成果，而是多人的智慧，例如，很多高校毕业论文与结课论文采取了小组形式，根据每人擅长领域的不同，分工合作，完成一篇论文，这样既可以反映团体合作能力，也有助于提升学生的积极性，增强大学生创新创业能力。拥有好的制度和管理模式是科学研究方式转变的重大推动力。2018 年 11 月，《教育部办公厅关于开展清理“唯论文、唯帽子、唯职称、唯学历、唯奖项”专项行动的通知》（教技厅函〔2018〕110 号）发布，决定在各有关高校开展“唯论文、唯帽子、唯职称、唯学历、唯奖项”清理工作。大学的科研评价模式也将不可避免地综合转型。创新创业是大学的必然选择。

在整理大量文献和资料的基础上，笔者初步识别了 2 个要素，最终形成模式的要素框架如表 5–2 所示。

表 5–2　　评价方式指标要素框架

类别	要素识别指标	要素解释（原文条例）
评价方式指标要素	1. 客户导向 2. 定量与定性考核相结合	1. 某一学科内部相对权威的专家对各个学术成果进行评价，高等教育委员会根据评估结果向大学提供财政支持 2. 绩效考核和晋升的步骤会告知相关教师，教师可以提出自己的质疑，再实施深度评议 3. 资助项目办公室由财务主管和副校长担任，包括 4 个部门，即科研项目管理部、成本分析与执行部、财务服务部以及行政事务部

3. 评价内容

大学的科研评价是为了提高科研质量和有效分配科研经费。这是科研评价体系建立的主要原因。传统的研究型大学科研质量主要通过同行评议来保证。也就是说，科研评价这一措施会循环于学科体系内部，无法达到科研与创业的有机统一。创业型大学的出现，导致同行评议难以取得科研成果。科研质量衡量标准的多样化，使得大学的科研评价表现出从同行评议向跨学科综合评议转化的现象。德国著名哲学家雅斯贝尔斯在他的著作《什么是教育》中曾提到，所谓教育，不过是人对人的主体间灵肉交流活动，包括知识内容的传授、生命内涵的领悟、意志行为的规范，并通过文化传递功能，将文化遗产教给年轻一代，使他们自由地生成，并启迪其天性。学者王伟宾等在《试论未来教育的特点、理念及评价内容》一文中谈道：从学徒制教育时代到普遍学校教育时代，最大的变化是国家接管了对人们进行教育的重任，通过国家控制，带来了学校教育模式的诞生。此研究还对未来教育的评价内容进行了 4 个方面的总结：一是教育本身，强调知识获取能力的评价；二是教育方式，强调教与学的交互性评价；三是教育导向，强调学以致用性的评价；四是教育结果，强调嵌入式评价。传统的教学科研评价主要是通过标准化的考试和考核，来考查学生和教师是否获得知识与技能，主要依靠结果性评价。

反观创业型大学的科研评价内容要素，则以跨学科性为主。

在整理大量文献和资料的基础上，初步识别了3个要素，最终形成模式的要素框架如表5–3所示。

表5–3　评价内容指标要素框架

类别	要素识别指标	要素解释（原文条例）
评价内容指标要素	1. 学科影响性 2. 跨学科属性 3. 科研资金来源渠道	1. 跨学科本质上就是交叉整合。当今世界的科研越来越注重复合型人才。传统研究型大学科研往往局限于单一学科领域。与传统研究型大学相比，创业型大学不仅在组织结构、科研制度方面上具有跨学科性的特点，而且在专业设置、课程开设、教学方式、学习方法等方面也有突出特点 2. 项目资助办公室会根据当年政府部门、基金会等校外机构发出的项目申报书相关要求，对有用的资料进行整理和排列组合，将最终的组合情况公开在校内平台，并通知与科研有关的人员

4. 评价机制

跨学科本质上就是将传统意义上界限明显的学科进行交叉并且整合在一起。当今世界越来越需要复合型人才。复合型人才通常指专业领域为交叉学科的人才。传统的研究型大学科研往往局限于单一学科，以单个学科为体系组织团队，并且独立开展课题研究，不与其他学科实验室合作。这种单一学科团队，或者说以学科或专业为基础形成的研究型科研组织，由于过分追求科研成果、科研质量甚至是短期效益，非常容易形成学科壁垒，严重制约了跨学科合作，在一定程度上阻碍了科学技术的发展，从而阻碍了跨学科经济效益的产生。针对国家和社会的科研需求，大学的科研组织最好是跨学科的，这种“外生性”的跨学科科研组织可以有效促进人才流动，形成灵活的体制，使科研过程更加动态、科研体系更加开放，最重要的是能够促进资源的优化配置。

在整理大量文献和资料的基础上，笔者初步识别了3个要素，最终形成模式的要素框架如表5–4所示。

表 5–4　　评价机制指标要素框架

类别	要素识别指标	要素解释（原文条例）
评价机制指标要素	1. 官产学合作 2. 技术管理 3. 项目审查制	1. 资助项目办公室为科研管理提供全方位服务，促进科研工作者顺利开展工作 2. 哈佛大学所有学院都设置科研业务办公室，负责本学院所有科研项目的具体事务 3. 哈佛大学的科研评价机制是服务型科研管理模式和经典二级制的管理体系。这样的科研评价机制对学校科研项目及经费进行规范化管理，不仅可以提供专业化的科研服务，还可以有序开展科研项目和科研经费的运行管理 4. 华威大学的评价机制以竞争和选择为中心

二、创业型大学科研评价模式的构成和特点

依据创业型大学科研评价各影响要素重要程度，运用综合聚类分析方法，归纳创业型大学科研评价模式，用于分析创业型大学科研评价各影响要素的不同作用机制。本书选取更重要的以下 3 类影响要素进行分析，评价导向包括国家重大战略、高校学术创业和企业新技术需求；评价内容包括学科影响性、科研资金来源渠道和跨学科属性；评价机制包括官产学合作、技术管理和项目审查制。对每个类别影响因素的贡献作用做平均化处理，针对每类制作雷达图（见图 5–2）。

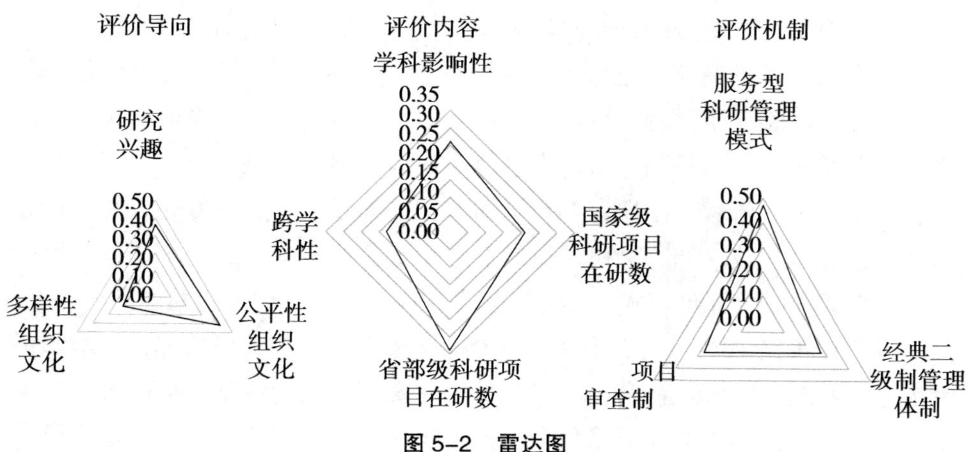

图 5–2　雷达图

由上述分析结果可知，评价导向的关键因素是国家重大战略、高校学术

创业以及企业新技术需求，其重要性程度的均值为 0.33。创业型大学蕴含多样性和公平性的组织文化，这种文化深刻影响了创业型大学内部的科研人员，促进学校科研体系进步，教学科研人员评价机制也呈现多样性和公平性的特点。创业型大学科研评价的方式有很多种，如建立科学研究委员会、教师晋升同行评议制度。

评价内容的关键因素是学科影响性、科研资金来源渠道和跨学科属性，其重要性程度的均值为 0.26。为了鼓励学生采用跨学科方式提升创业能力，一些创业型大学积极打造网络课程平台。学校基于对学生创新创业能力的培养，对有关创新创业的教师实施教师聘用双轨制。此外，加利福尼亚大学伯克利分校定期对跨学科研究单位进行评估，审查结果运用到学术规划过程中。

评价机制的关键因素是官产学合作、技术管理和项目审查制，其重要性均值为 0.29，创业型大学的评价机制来源于三螺旋理论，其中重要的机制是首席研究员制，大学中每个研究项目都会设置一个首席研究员，首席研究员是研究项目的总负责人，要求有很高的学术水平和团队沟通协作能力。评议会在创业型大学的科研评价中发挥关键作用，自行决定并选拔组成人员，这是加利福尼亚大学伯克利分校最显著的特征。

1. 创业型大学科研活动价值取向更加注重经济价值

学者伍醒在研究中提出，创业型大学在政治文化方面的社会功能并不显著，是为了经济功能而存在。创业型大学的科研活动首先要考虑的不是纯学术价值，而是获取更多的社会资源和支持。传统研究型大学向创业型大学的转变，有着深远的意义，它诠释了大学的使命，构建了新型大学科研组织，同时推动了大学科研过程向创新方向改革。很多研究表明，当前科研评价体系面临着很多挑战。首先，科研评价体系成为“体系”是一个大工程，它需要有一套完整的流程。本研究建议科研单位、学校、企业三方充分利用大数据技术，推行科技文档、科研手册专业登记管理制度，形成电子档案与纸质档案，形成客观的评价模式，尽力弱化主观评价影响。在传统的评价体系下，大学科研评价以学术为主要使命，评价标准也仅局限在学科内部，以学术贡献为主，缺乏对区域经济社会与民生发展的贡献。在创业型大学的科研评价中，虽然评价内容也涉及学术使命，但在知识生产和知识转移的商业化运作背景下，科研成果的市场价值被重视的程度越来越高。

2. 创业型大学科研活动趋向用新模式实现共赢

本书认为，研究中应用的案例都有各自的特点，因为一个国家有很多地区，教学资源要均衡，每所院校都要有特色，要立足当地经济发展，采取有利于当地经济发展的新模式，实现共赢。通过要素识别和案例分析，传统研究型大学在科研评价时以形成的学术成果为主，创业型大学则具有强烈的创业精神和丰富的创新研究成果，与传统研究型大学相比具有更强的科研实力、团队合作精神。也就是说，在传统研究型大学，学术成果不一定应用于实践，而在创业型大学，教学与研究更注重面向实际问题和更为有效的知识转移运作机制，评价体系也会向这一目标倾斜。在这一背景下，开展科研评价的探索，对推动我国高校科研发展模式转型有着理论和实践上的双重意义。

三、创业型大学科研评价模式的运行

在不同的视角下，学者们采用不同的方法（以案例研究为主）给出了创业型大学科研评价模式运行机制的有关阐述，主要有创业型大学科研评价模式的运行机制中包含很多子机制，以及创业型大学科研评价概念模型的构建等。

建立科学有效的评价准则是非常重要的。任何事物的发展都不是一蹴而就的，建立完善的评价准则可能是一个比较困难的问题，但随着技术的发展，逐步建立一套合理的评价准则应该不困难。科研评价需要公开公正，杜绝一切“投机倒把”。利用现代科技，许多过去难判断的事情，会变得容易些。科技活动是现代高等教育功能和高等学校职能的基本内容之一。高等教育的发展对于知识产权保护的要求越来越高。各大高校相继完善学术委员会制度，建立起校、院两级学术委员会，管理学术道德问题；开设知识产权专业，大规模招收知识产权专业学生。知识产权管理制度作为技术转移、成果转化的重要制度保障，对创业型大学科研活动的开展具有重要的作用。但是目前我国很多高校的科研项目对知识产权管理不够重视，在知识产权组织机构、管理制度等方面还不完善，没有实现项目管理、成果管理与知识产权管理的有机结合，导致高校科研激励机制不健全、保护措施不到位，知识产权受侵犯现象时有发生，严重影响高校合法权益和科研创新工作的顺利开展。因此，高校应该在现有法律框架下进一步健全和完善知识产权管理制度，保证知识转移和成果转化的规范性与有效性。

图 5–3 是创业型大学科研评价的整个运行过程，结合前文界定的创业型大学科研评价内涵，本书认为，创业型大学的科研评价体系是由需求和文化导向的评价导向、多样性的评价方式、交叉融合及跨学科式的评价内容以及多样性的评价机制、统筹协作的制度规范和共享与整合的资源等要素子系统组成并且彼此之间交互作用的复杂结构系统。

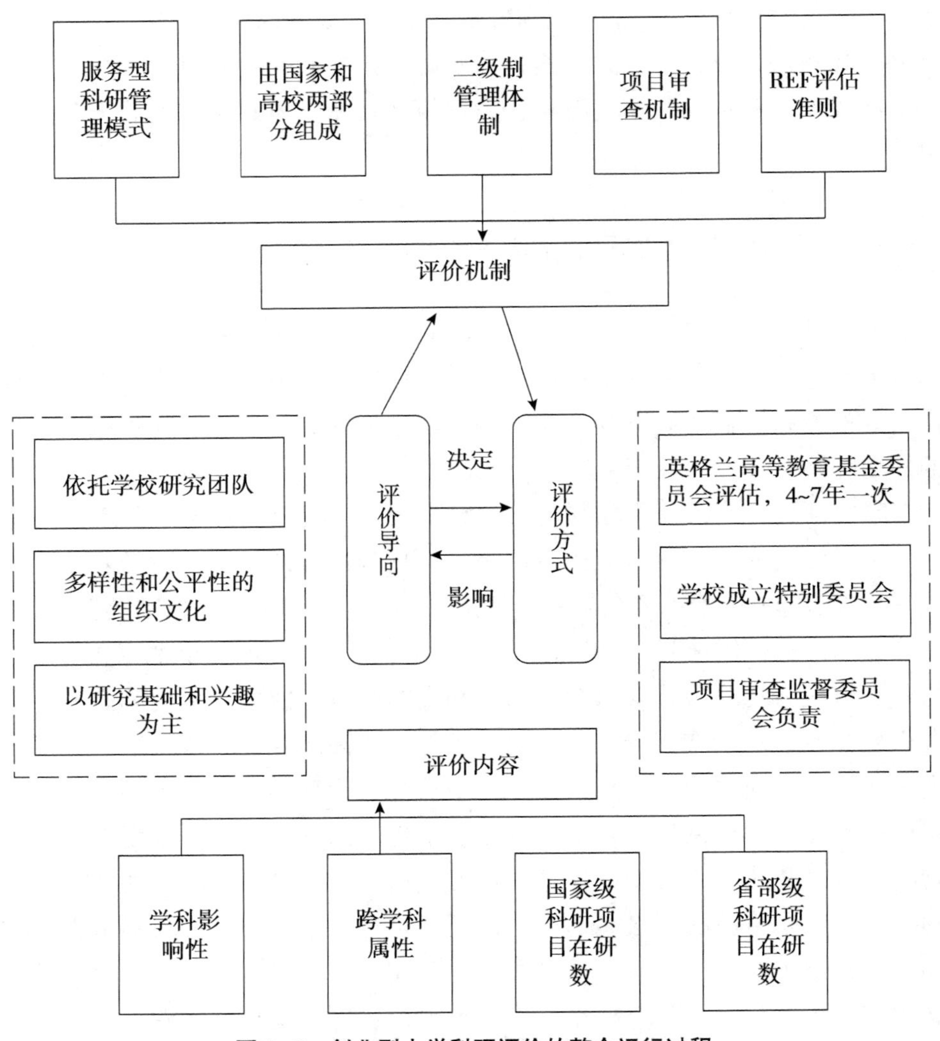

图 5–3　创业型大学科研评价的整个运行过程

本书在文献梳理、案例分析的基础上，对创业型大学的科研评价模型各构成要素进行了解读，形成了创业型大学科研评价模式的整体架构。接下来，本书将基于模式的整体架构，分析创业型大学科研评价模式运行的内在逻辑和规律。

1. 目标导向和学术导向的平衡

前文的案例分析中提出，斯坦福大学的科研评价尊重研究者的研究兴趣和多样性的组织文化，而对于科研评价，也要以学术成果为中心，基于大学科研发展的现实需要进行。为了保证在现有的文化背景下有效推动创业型大学科研评价模式运行，要辩证地分析目标导向与学术导向二者之间的矛盾关系。现代意义上的创业型大学及其科研评价的出现，是基于社会发展以及经济、政治和文化发展产生的。传统研究型大学不会一直存在于“象牙塔”顶端，学术研究成果终究要应用于社会实践，知识的发展最终会和企业的应用相结合。传统研究型大学是以某一专业领域的人才培养为目的的学术型或者应用型教育，但高等教育或者大学的职能不是单纯的人才培养，还有为社会服务。科研评价的准则在制定的过程中也不应只以一种准则为衡量标准，为社会发展做出贡献同样重要。因此，要将科学性、批判性、创新性等评价精神运用到具体的评价方式中，兼顾产业、国家和社会发展。在文化背景的带领下，在理论和实践的交互影响下，我们应建立目标导向和学术导向相结合的评价方式。

2. 创业型大学评价方式与传统评价导向的平衡

创业型大学评价方式在文化背景的冲击下，保持自身的特色。哈佛大学科研人员的主要任务是做好科研项目申报工作、做好科学研究工作，其余一切涉及科研工作的具体事物，都由哈佛大学项目资助办公室和学院的科研业务办公室处理，科研人员可以专心工作。由此可见，服务是哈佛大学科研管理的一大优势，也正因为服务的全面性，哈佛大学的科研工作一直保持着高效率，并长期稳居世界一流水平。同样是创业型大学的华威大学，其科研管理的特点是有自己组织的内部评估，既以本校的组织系统为依托，又深受这种组织文化的影响。众所周知，传统科研评价要素重量轻质，由此，传统研究型大学的师生为了获得优秀的科研成果，轻视科研质量，在一定程度上缺乏相关业内专家的定性评价，为解决这一弊端，创业型大学创新了自身评价方式，由任务驱动，改变了大学科学研究的理念。

综上所述，从理论层面来看，创业型大学需要确立明确的评价导向，基本上每个成功的创业型大学都有自己独特的科研文化，如公平公正、自由、包容，从而影响一系列的科研工作；从实践层面来说，创业型大学需要在充满逻辑的运行系统中抓住历史发展机遇，探索出适合自己的发展路径，更要做好社会服务、技术转移等服务。

第六章

反思与建议：实践研究

前面我们对创业型大学科研评价体系进行了一系列论述，大学正由传统的研究型大学向新型组织形式——创业型大学这一角色演变。这种角色的转变与大学所面临的时代背景密不可分。当今时代，知识经济社会逐渐成为主要发展形势，知识生产模式发生了深刻变革，知识生产正从以“学术范式”为轴心的传统知识生产方式转向以“应用范式”为主导的知识生产新模式。创新创业型大学日益增多，创新环境成为评价各大学是否符合新型创业型大学的重要指标。学校的创新环境越好，培养的学生平均质量往往就越高。由此，本书所讨论的科研评价随着研究型大学向创业型大学的转型逐渐发生改变。

吉本斯等认为，随着教育和研究大众化的发展，知识生产的专业化、职业化和制度化取得了显著成果，大量的知识和人才被生产出来，并且知识和人才的效用越来越多地“脱离”传统学科体系，慢慢进入企业及第三方机构等。大学知识生产模式 2 逐渐出现在人们的视野中，从大学知识生产模式 1 以同行评议为主的质量要求到兼顾社会、经济和政治等因素更加综合与维度更多的质量控制。自大学知识生产模式 2 出现以来，大学社会服务的职能越来越得以实现。随着越来越多的研究型大学开始运用新知识生产模式，很多学者讨论新知识生产模式给研究型大学带来的影响。学者高慧在研究中提出，作为一种制度安排，科技成果评价一般有着对知识生产规律及其社会功能的理性认识和价值判断。科技成果评价一直是国内外学者高度关注的问题。近年来，破“五唯”为国家所提倡，《国务院办公厅关于完善科技成果评价机制的指导意见》（国办发〔2021〕26 号）的发布，进一步创新了科技成果评价方式。

近年来，学术界一直致力于研究知识生产模式转型下大学科研评价的现状。基于此，本书在第 4 章对研究型大学和创业型大学进行了比较分析。在传统大学教育中，大学和社会发展脱节，大学科学研究的主要目的是为教学活动提供可用的资源。在这一时期，科研活动是为了更好地认识世界而不是改造世界。然而，这种趋势的蔓延阻碍了研究人员和社会的联系，进而妨碍了社会经济的发展。科学研究并不能止步于知识发表，而应该应用知识，使知识生产和社会发展建立起良性循环。20 世纪 90 年代以来，随着知识经济和知识社会的发展，各国都在致力于科技创新，计划用科技创新带动经济发展，产生强有力的经济效益。这就导致高校面临巨大的科研压力，一部分研究型大学向创业型大学转型，创业型大学开始崛起。

本书在第 5 章对创业型大学科研评价的要素识别和模式构建进行了分析。大学不仅是知识生产与转化的关键，还是知识空间、集聚空间和创新空间得以形成的关键，它还可以成为三螺旋的领导性机构。因此，本书依据三螺旋模式，对创业型大学科研评价进行了要素识别，选择了 5 所创业型大学，整理出评价要素分别是评价导向、评价方式、评价内容和评价机制。笔者分别对 5 个案例文本资料进行了编码，在对案例文本资料进行编码时，统一使用次类目来进行分析。初次编码之后提取所有相关条目，总计 25 条，其中 6 条描述了“评价导向指标要素”，5 条描述了“评价内容指标要素”，7 条描述了“评价方式指标要素”，7 条描述了“评价机制指标要素”。通过对创业型大学进行案例分析，本书总结出以下几个要素：一是评价导向指标要素，以重大任务作为驱动力量，转变大学科学研究理念；二是评价方式指标要素，强调主体协同，以及大学科学研究方式的转变；三是评价内容指标要素；四是评价机制指标要素。大学科学研究要立足国家，为国家发展需要服务。本书以哈佛大学和华威大学等为案例样本（代表了美国创业型大学和欧洲创业型大学的现状），对创业型大学科研评价进行了概念模式的构建。

本章将对上述分析和论述进行总结，论述新知识生产范式对研究型大学的一系列影响，提出研究型大学向创业型大学转变的思考及建议。

第一节　新知识生产范式对研究型大学教学体系的影响

教学是一所大学建设的重点。众多世界一流的研究型大学之所以闻名于世，与之非常重视教学密不可分。教学评价最能体现一所大学的教学体系。学者张辛皎等在研究中以斯坦福大学为案例，研究了本科生课程评价体系与本科生教学评价体系。本科生课程评价包括外部评价、内部评价、培养方案评价，本科生教学评价包括学生评教和教师评学。斯坦福大学作为一所创业型大学，呈现出教学体系由研究型大学向创业型大学转变和建构的过程。斯坦福大学对学术议会成员有严格的规章制度，比如，严格规定在外兼职的时间，目的是保证他们将足够的时间投入教学。此外，学校还规定，高校的科研不能以获得专利和获取收益为目的，即不能以营利为目的。这样的规定不仅可以“摆正”高校教职工的科研动机，也能保证一所大学的教学质量。

新知识生产范式使研究型大学教学体系向着多元化、融合化的方向转变。由此，研究型大学要完善实践教学体系，精准定位人才培养模式，统筹实践教学体系建设，以人才培养目标为总抓手，定位市场需求、企业需求和社会需求，力求实现实践教学和理论课程的无缝对接，培养一批具有高素养的复合型人才。实践教学体系的建设需要与实践教学目标、内容、管理等多种要素相配套、相适应，在知识生产模式发展阶段，这是一个动态过程，应结合人才培养方案进行调整与升级。

因此，研究型大学应该提升实践教学能力，强化协同育人创新理念；鼓励师生走进企业单位、科研院所进行实践锻炼，不断提升自身科研能力，更新自己的知识库，练就过硬的技术本领；通过顶岗实习、实践教学培训等多种方式，扎实推进实践教学体系建设，保障实践教学质量，充分认识到协同推进人才培养的重要性，牢固树立实践育人的思想观念；创新实践教学人才培养路径，搭建稳定的产学研、产教融合平台，在校企、校政等深度合作下，整合优势资源，实现成果转化、技术创新和人才培养，巩固共建共用互惠模式；以企业为依托，建设实验基地，贯穿实践技能主线，探索社会经济发展规律，为实践教学的创新发展奠定良好基础。

创业型大学的时代价值和实践意义并非仅仅体现在促进大学组织转型和学术资本转化方面，其背后所蕴含的知识生产模式转变及其对传统大学人才培养模式的颠覆与重构也很重要。知识生产模式的转变，既推动了大学职能的拓展，也对大学传统的教育教学和人才培养产生了深刻影响。为了适应知识生产模式发展变化的新趋势，传统研究型大学在向创业型大学转型的过程中，其人才培养模式必须作出相应的调整和变革。首先，从学科中心、理论导向转向问题为本、应用导向。其次，要从专业分割向跨界融合转变。跨学科培养是当今研究型大学向创新型大学转型的主要方式。最后，要由产学脱节向协同育人转变。

学者杜嫱在研究中总结了研究型大学的教学特征。一是教学目标更高。不同于其他类型院校，研究型大学更重视对纯粹知识和高深知识的追求，这可能与其内部成员追求“纯粹科学”的逻辑起点密切相关。二是教学过程重探究。研究型大学在本科教育方面具有研究性。三是教学权重相对较小。在研究型大学，科学研究始终处于学校的中心地位，一项针对研究型大学教师时间分配的调查显示，教师在本科教学上的时间投入仅为26%，而科研及研究生教学时间占据了41%。我国学者阎光才结合案例分析和实证数据指出，科研至上是历史发展的产物，其后果是科研能力强者能够“存活”在研究型大学中，但忽视了教学能力。知识生产模式的转变也在一定程度上影响着这类大学的教学特征，使科研更加注重“应用”。

第二节　新知识生产范式对研究型大学社会服务体系的影响

社会服务体系主要是由政府部门、行业协会、其他第三方服务组织组成的，集政府公共服务体系和群众自我服务体系于一体的多元服务体系。社会服务不仅是大学的重要职能，也是我国高校实现世界一流大学建设目标的重要标准。综观现有研究，笔者发现，大部分学者认为，高校的社会服务职能与人才培养和科学研究难以区分。如学者习勇生在研究中表示，无法脱离教学、科研孤立地研究社会问题。学者邵丽华认为，随着高水平研究型大学现代化进程的推进，我国高校的职能已经完成了由单纯的教学向科研、教学和社会服务的转变。服务经济时代的到来，使高水平研究型大学与政府机关及社会大众的联系越来越紧密，因此做好高校的社会服务体系化建设，显得尤为重要。经过几十年的发展，我国基本上实现了教学—科研的体系化，但是在构建社会服务体系化方面没有得到政府、学校及社会的重视，仍存在很大缺陷。

新知识生产范式的出现，在一定程度上影响了创业型大学的社会服务体系。

我国的职业技术大学以应用型为主，这类职业技术大学是社会服务能力提升的动力机制。学者郑晶等在研究中提出，职业技术大学要提供人力资本方面的服务、最先进的技术技能及设备方面的服务，加快发展特色服务。我国的职业技术大学的教学重点放在应用上，而创业型大学的重点也放在应用上，应用型大学要想在高等教育领域站稳脚跟，扩大其影响力，就要提升其社会服务能力。高校作为社会重要的公益组织之一，自己无法提供生存和发展的资源，那么如何获取外界的资源是应用型大学必须考虑的。大学的职能之一是社会服务，无论是应用型大学还是研究型大学，要想发展都要逐步提升自己，把社会效益放在首位，促进社会效益与经济效益相统一。

在研究中国大学社会服务这一职能之前，本书收集了美国高校社会服务职能相关研究资料。美国大学社会服务职能萌芽于19世纪后期，其内涵与形式伴随美国社会和高等教育的发展逐渐丰富和多元，先后历经了以“知识传播和技术推广”促进农业技术变革、以“技术转移和成果转化”推动工业繁荣、以“参与型学术”引领社会发展的不同阶段并发挥了积极的社会影响作用。以“参与型学术”为代表的新一轮学术革命推动了美国高校社会服务职能转型：其价值理念从功利化回应外部需求转向公共性主动参与；其职能定位从人才培养、科学研究之间的隔离走向整合；其服务路径从单向度提供服务转向多向度伙伴式合作。对美国大学社会服务职能演进及转型特征进行分析，有利于更好地理解其内涵与价值，为我国高校发展提供借鉴。以博耶为代表的学者感受到了高等教育的危机，他认为高等教育的发展和社会的进步应该是密不可分的。高校一旦远离社会，公众信心下降，高校就会成为学生获得学历证书、教师获得荣誉的“庇护所”，而不是为社会发展服务的机构，高校会逐渐发展成为私人物品而不是公共物品。二是由硬边界转向软边界。本书在前文反复提到，学科之间应该模糊边界，研究评价内容也需要具有跨学科性。同时，这里的由硬边界转向软边界不仅仅指的是学科边界，还包括大学人才培养、科学研究、社会服务职能三者边界，长期以来，这三者总是相互独立且划分细致、存在明显的硬边界线的，在这个三角关系中，科学研究往往占据明显优势，人才培养其次，社会服务往往是“锦上添花”的附加任务。几乎所有分类、排名中学术研究都被设置为权重最高的评价指标，研究型大学一直占据院校金字塔顶端位置。教师职称评定制度中学术发表一直被视为最核心的标准，社会服务则几乎未被提及。而社会服务这一职能在新知识生产模式出现之后，越来越受到学者和社会各界人士的关注。

第三节 新知识生产范式对研究型大学技术转移体系的影响

由于高校科研处于“象牙塔”位置，企业很难直接将高校的科研结果应用于自己的生产领域。因此，大学的技术转移实际上是将学术科研领域的复杂问题控制在一个可以研究并且应用的领域。大学的技术转移不能简简单单地发生在大学内部，也不能简简单单地发生在对科研有需求的企业内部，大学技术转移应该发生在大学与企业两个系统之间，由此产生交互作用，这是一个极其复杂的过程。如今，知识经济时代已经到来，建立完善的大学技术转移扶持政策体系，已经成为高校、企业和社会大系统中必不可少的一部分。很多政策文件指明了我国加快大学技术转移的目标和方向，但是完善的大学技术转移扶持政策需要设计协同互补、连贯一致的政策措施和保障机制。

学者张其香等在研究中立足实用主义观点，提出了研究型大学完善技术转移体系的相关建议：一是完善立法政策；二是完善经济政策，各国政府需要通过经济扶持政策促进大学技术转移；三是要关注扶持政策的研究。

学者卓泽林在《大学知识生产范式的转向》一文中提出：大学知识生产模式经历了由知识生产模式 1 到知识生产模式 2 再到知识生产模式 3 的发展路径。知识生产模式 1 无法满足社会发展的需要，逐渐陷入困境，被迫向知识生产模式 2 转型；虽然知识生产模式 2 打破了学科之间的界限，倒逼大学科研成果走向社会，提高高校的社会服务水平，促进大学、企业和政府三方互动，但是忽略了社会大众和其他社会实体等因素，难以成为理想的知识生产模式；知识生产模式 3 以网络和知识聚点为基础，以创新生态系统为情境，具有多层次、多形态的特征，形成了多方交互运行情境，并根据企业的需求制订自己的学术目标，更符合创业型大学的需求。

本书认为，当前所讨论的新知识生产范式大部分是由知识生产模式 2 向知识生产模式 3 转变。知识生产模式 3 的出现是必然的。当今世界，资源极度紧缺，且各国竞争激烈。为了促进资源利用最大化，我们必须推动传统生产要素不断创新，创造出适合创业型大学和企业技术的创新路径，由此推动国家经济可持续发展。其中比较有特色的是创意经济发展模式，创意经济和创意社会、知识社会在现阶段十分契合，其发展程度越成熟，企业对高校科研成果的转化功能就越强，创意经济就越能将科研创新、技术创新和社会服务创新紧密结合在一起。

新知识生产模式影响着研究型大学的技术转移体系。当创意经济发展模式出现时，研究型大学的职能不再局限于人才培养，还有科学研究创新。如今，大学职能逐渐演化出社会服务和文化传承与创新职能。我国一些研究型大学建立了技术转移团队，以高校科研成果为导向，建立由科研处、大学科技园、资产经营公司、技术转移公司、第三方技术转移专业机构等组成的多方协同组织，加强校内外合作，促进多方技术创新。创业型大学逐渐走进人们视野，大学越来越与企业紧密联系在一起。完善的大学技术转移政策体系，应为促进大学技术转移提供全方位的支持。研究显示，各国改革有关法律制度，有效解决了大学技术转移的法律问题、资金问题等，有效改善了大学技术转移的法律环境、经济环境和文化环境。大学技术转移政策的制定应该具有前瞻性、本土性和综合视野。各国的技术转移政策虽然有效仿借鉴的成分，但主要还应结合本国的制度背景和实际情况提出具有本土特色的政策措施，并且与国家扶持的重点战略领域、重点产业或中小企业等的政策措施紧密结合在一起。

如今，科技创新在国家整体科研体系中处于核心地位，科技创新的发展离不开高校科研支持，高校科技创新、技术转移的改革，充分激发了社会的创新活力，科技成果转化成为提升服务经济社会发展能力的内在驱动力。目前在高校科研管理工作中存在过度重视科研数量而忽视科研成果质量，以数量的多少评价科研水平等典型问题。此外，高校的知识生产队伍建设相对薄弱，管理水平也不高，资金的监管力度不够，导致很多本应给予高评价的科研成果被忽视，很难实现更高的社会价值，最终无法完成其社会服务功能。研究型大学作为国家科技创新的重要组成部分，应顺应形势，加强知识产权管理及运营工作，探索符合高校实际的技术转移服务体系建设路径，促进科研成果向实际应用转化，促进高校科研更好地为经济发展服务，推动创新型国家建设，加快我国经济转型升级。

尽管我国高校的技术转移转化工作起步较晚，与欧美国家相比基础较薄弱，但发展十分迅速，能够将高校产出的科研成果和技术成果以及人才团队迅速转化为生产力，从而促进产业发展和产业结构变革。同时，高校技术转移转化有利于促进高校充分实现经济效益，并将经济效益和社会效益统一起来，实现高校支持企业、企业反哺高校的良性循环，为区域发展做出重大贡献。近年来，随着高校专利及技术成果拥有量的与日俱增，高校逐渐认识到技术转移转化工作在国家科技创新体系中发挥着不可替代的作用，是中国实现高质量发展的重要元素。

第四节　新知识生产范式对研究型大学创新创业体系的影响

随着创新创业型大学的逐步发展，越来越多的学者对研究型大学创新创业体系进行研究。构建高校创新创业教育体系是践行创新创业教育服务国家发展战略的必然要求，是推进高等教育改革的重要内容，是满足大学生成长诉求的必然选择。高校要坚持立德树人原则，坚持开放原则，坚持整体原则，实事求是地从目标体系、协同机制、课程体系、师资队伍、评价体系等方面构建创新创业教育体系。学者王敬国在研究中论述了新时代构建创新创业体系的对策：一是要确立多元的育人目标体系。社会主义核心价值观凝结着我国全体人民共同的价值追求，因此在新时代将主体多元的育人目标统一于社会主义核心价值观这一共同的价值认同，以国家社会和公民层面的价值标准为导向建立统一的多元目标体系才能确保新时代创新创业教育的发展方向正确，才能落实立德树人根本任务。二是要建立全体系育人的协同机制。建立合理有效的育人机制是新时代构建创新创业体系的基础。高校作为学生与企业的连接点，发挥着核心作用，高校的功能定位为智力支持、资金支持、政策支持、信息传递等。三是要建立知行合一的课程体系。四是要组建五位一体的师资队伍。五是要构建科学精准的评价体系。本书认为，精准的评价体系不仅可以评判当前学校的科研成果、教学成果如何，还可以以评价结果为导向，全面、精准地确立评价主体及评价指标，从而更好地指导发展。新时代创新创业教育评价体系的主体应该体现整体性、多元化的特征，创新创业教育体系的各构成要素都应作为评价指标，不断优化，从而提高创新创业教育人才培养质量。

新知识生产模式的出现使研究型大学的创新创业体系向整体性发展。高校不再是遥不可及的“象牙塔”，如今更加涉及政府、高校、企业、社区、家庭等多种因素。新时代创新创业教育体系是一个包含价值塑造、知识传授、实践养成、技术转化、信息咨询等诸多内容的体系，需要各育人主体根据自身的育人功能和职责协同参与、有序发力，同时通过高质量创新创业型人才培养，不断满足各主体的人才需求，充分激发各主体支持并参与创新创业教育的内生动力，进而形成良性循环，促进新时代创新创业教育高质量发展。研究型大学现行的评价逻辑仍主要以传统的“学术范式”为轴心，注重学术性论文的发表以及纵向科研课题和经费的获取。新知识生产模式的出现使研究型大学的创新创业体系向开放性发展。大学越来越开放，提供了越来越多的社会服务，同时也为企业提供了更多的技术支持，创新创业项目与外界的联系也越来越密切。研究型大学拥有了更多的家国情怀，不断加强与世界各国在文化、知识、技术、资金等领域的交流合作，积极吸纳世界各国在创新创业教育发展理念、理论研究、课程模式、师资培养、实践育人、科学管理等方面的有益成果，及时把握创新创业教育最新发展趋势，努力使我国的创新创业教育达到世界先进水平。同时，也为世界创新创业教育贡献中国智慧和中国方案，促进全球创新创业教育发展进步，推动创新创业教育共同体构建。

创新在社会发展的过程中扮演着重要的角色。无论是经济、政治还是科学领域，创新都起着至关重要的作用。创新，顾名思义就是要不断开发新的产品，从而在市场中获取价值，或者丰富企业的组织形式，使这一组织形式适应社会发展。随着科学技术的不断发展，整个社会对知识的需求与日俱增，再加上知识经济时代的到来，创新主体逐渐多元化、创新方式逐渐多样化。

大学是知识和技术的生产者、传播者、应用者，是创新的主体之一。知识经济时代的到来，对大学来说既是机遇也是挑战。无论是传统的研究型大学还是创新创业型大学，都在国家的创新体系中扮演着重要作用，是创新体系的重要组成部分。在高等教育中，我们要致力于培养创新型人才，取得创新成果，将成果转化为科学技术，应用于企业中，为社会经济发展服务。因此，构建和完善创新创业体系，迫在眉睫。

第五节　新知识生产范式对研究型大学治理体系的影响

治理体系是一些制度安排，这些制度安排通常会“徘徊”在规则的空白处，当两个或多个规章制度重叠、冲突时，或者是两个实体相互竞争时，治理体系是能够进行调解的原则、规范、规则或决策程序。治理的本质是服务，大学治理的本质是服务大学。

对研究型大学来说，建立健全的大学治理体系尤为重要。学者眭依凡等在研究中提出：大学治理体系和治理能力现代化是大学高质量发展的基本保障。他们基于大学之于国家经济社会发展，尤其是提升国家科学技术竞争力重要性的认识指出，当前我国出于建设高等教育强国的需要，在政策制度供给和物质资源供给两个方面为大学知识创新和创新型人才培养创造了历史上最好的环境条件，大学能否不负国家使命，担负好自己的历史责任，取决于大学体制内部的治理水平，以及大学实际解决问题的能力。因此，为更好地促进和保障大学高质量发展，大学必须致力于内部治理体系及治理能力现代化。

首先，我们分析大学治理的文化背景。文化通常会潜移默化、深远持久地影响一所大学的科研管理、行为工作和解决问题的风格。当前大学治理的目的是协调各方利益，处理好各组织者以及实体的关系，最终目的是降低成本，提高教学质量和水平。大学通过相关的文化背景，引导发展方向，最终形成具有不同特色的办学理念，具有相对稳定性。但是，当前我国大学治理似乎陷入瓶颈。各种改革措施、文件接踵而至，但质量并没有提升，甚至导致大学治理内卷化问题严重。究其根源，是治理过程中大学理念的偏失。新知识生产范式的出现促进了科研与社会关系的变化，由此引发了一系列变革。但可以确定的是，知识生产不再局限于大学，不再停留在“象牙塔”的顶端。本书在前文论述中指出，如今逐渐形成了大学、企业、政府的三螺旋模式，也就是三螺旋结构。三螺旋结构具有突出的作用，最明显的一点就是将大学内部的文化和社会规范、企业需求联系在一起。当我们逐步进入三螺旋模式，当大学、企业、政府这样的结构能够“站稳脚跟”，那么企业和政府在一定程度上就会制约大学的科研管理或者科研评价。大学的社会职能已经能够创造出经济效益，但这也在某些方面使得大学的知识生产必须走跨学科的路径。大学也由学科型、研究型组织向应用型、服务型组织转变。这也在一定程度上影响了大学治理的文化导向，治理方式从注重学科研究向注重服务提供转变。这样的改变打破了学科界限，很大程度上促进了大学与社会的互动。

学者安娜丽等在研究中论述道：大学知识生产范式是指在大学内部探索知识的过程中形成的认知模式、研究方法及传授模式，知识生产范式不仅是一种认知体系，也是知识生产体制，规范着知识的生产和创造，是影响大学内部高深学问生产的核心因素。大学知识生产范式是一个时代不同学科所共同接纳的认识框架，在知识生产过程中需要共同生产与应用。大学自产生之日起就担负着传递知识的职能，无论时代如何发展，其传递知识的职能都不会改变，但知识生产模式一直发生着变化，也在影响着研究型大学的治理体系。学者安娜丽等指出，近代的大学以实验型知识生产范式为主，当代大学以实用型知识生产范式为主。18 世纪，随着新型科学知识范式的形成，大学最早围绕自然科学开展。到了 18 世纪末，这种知识生产范式不断发展，延伸到天文学、物理学、化学及生理学。随着学术专业化程度的日益提高，传统的研究被跨学科研究代替，大学教授也逐渐成为专业教授，不再活动于社会这一场景。大学开始逐步重视科研，重新将科研工作作为自己工作的重中之重。大学开始将科研成果作为教师的评价标准。科学研究成为一项工作，深入每个学科内部，成为某一学术领域最具竞争力的事物，教师也就成了科研工作者、学术研究者。科研也就具有了双重属性，追求精神回报和物质回报。实验型知识生产范式在进行知识探索时，其目的为纯粹的知识生产，它反对从应用的视角研究问题，并认为以实用为目的的教育不利于人的心智得到完整的“训练”。因此，大学成为“象牙塔”，去掉功利的一面，隔断与应用的联系，其生产的职能微乎其微。而且，大学内部实验室资助不足，形式单一。

在这一趋势下，新知识生产范式逐渐影响当代大学向实用型迈进。在实用型知识生产范式中，企业以新的角色加入知识生产系统，改变从前较为单一的知识生产关系。大学与企业的关系逐渐密切，而且大学生产出来的知识、技能更加完善地应用于企业的日常生产。在这一阶段，既有政府主导的大学知识生产范式，也有产学研结合起来的企业型知识生产范式，形成三螺旋模式。传统的研究型大学过于注重学科边界，以致出现“隔行如隔山”的现象。事实上，学科之间存在天然的联系，我们不能孤立地学习某一学科而完全隔绝另一种学科。因此，新知识生产范式促进了研究型大学跨学科模式的发展。

随着社会生产力的发展，社会分工日益明确，这在很大程度上促进了自然科学向专业化方向发展。实用主义风潮兴起，以实用主义为主的学科逐渐增多，如航空航天、生物科学等。以哲学为代表的社科领域专业分化得更加明显、精细。如今，科学技术成为各国大学的核心竞争力，大学内部的知识生产开始与社会需求联系在一起，具有了实用性。在如今科技兴国、科技强国的背景下，研究型大学大多建立了适应度较高的实用型知识生产范式。

大学治理体系决定大学的治理政策、治理制度和组织结构。大学治理能力反映着大学治理体系所具有的功能。治理体系与治理制度分别是大学治理的组织基础与制度基础，二者相互依托、相辅相成。大学治理体系与治理制度健全完善，能够促进大学治理能力的提升，提高大学的办学能力和竞争力。在上述知识生产范式的影响下，随着学术界对大学治理问题研究的日益深入，大学治理研究呈现以下趋势：重视创新和质量，大学治理研究与实践必须因地制宜、实事求是，这样才能实现治理体系现代化。学者常量认为，要更加重视和关注“大学人”在大学治理中的地位，将充分满足大学师生的发展需要作为大学治理的逻辑起点，并逐渐将研究视角从“结构—制度”转换到“制度—生活”，即以人为中心。大学治理的制度逻辑更加依赖于制度的执行和实施，大学组织的特性决定了大学治理主要采取“柔性的治理”机制。

第六节　我国研究型大学科研评价模式向创业型大学科研评价模式变革的理性思考

2020 年，《教育部　科技部印发〈关于规范高等学校 SCI 论文相关指标使用　树立正确评价导向的若干意见〉的通知》（教科技〔2020〕2 号）发布，对“唯论文”现象进行精准打击。破除“唯 SCI”，改变“SCI 至上”的局面，思考中国特色科研评价体系的构建，将对我国科研创新能力的提升与综合国力的强盛起到重要的促进作用。传统研究型大学缺少与企业的联系，不适应当今时代发展要求，不利于高等教育的进一步发展。传统的科研评价要素存在诸多弊端，造成很多不公平现象。

大学的三大传统职能是人才培养、科学研究和社会服务。然而，从当前高校和科研院所的科研评价来看，科研评价模式相对复杂，影响因素也较多，论文和科研结果容易被量化。显而易见，量化不是评价科研成果的唯一指标。就各类自然科学基金项目管理单位而言，SCI 论文的数量已成为项目申报及结项重要甚至唯一的依据。与此同时，SCI 论文的发表数量与发表区位也是高校理工科及管理学博士生申请学位的必备条件。此种科研评价导向让教师的关注点困于学术“产出”而非人才“培养”，这不仅制约了教师科技创新的步伐，也分散了教师对学生的培养精力，有悖我国高等教育的初心。

21 世纪以来，随着知识生产模式的转型，科学研究逐渐成为我国学术界讨论的重要内容。此外，科学研究扩张的现象越来越突出，使知识生产、科学研究、技术应用的矛盾越来越激烈。在多种因素的刺激下，单纯对科研结果和论文进行量化的同行评议制度已经不如最初受人推崇。知识经济社会改变了科学与技术、知识与应用、大学与政府、大学与企业之间的关系，形成了知识生产过程中新的利益格局。在新的知识社会里，大学要从知识工厂转为创新引擎，大学的使命要从学术导向向创业导向转变，那么大学的科研评价模式也将不可避免地面临综合转型。遗憾的是，当前对一流大学和一流学科的评价，仍不可避免地强调科研工作者多发论文、多获奖，此外，我国的部分研究型大学注重同行评议和政府的行政评价，忽视科研应用，没有让企业高效参与到科研评价体系中来，没有对科研成果转化给予充分的关注。由此来看，高校应对当前的科研评价制度做出改革。

关于研究型大学向创业型大学科研评价模式的变革，学者周高峰在论述我国高校科研模式时提及：以项目立项为目标，以实验室为主要研究场所，以申请专利、发表论文和申请奖项为结果，进行自我封闭式研究。传统的科研评价模式以量化为主，科研成果能不能用、应该如何用，很少衡量。这样的科研评价模式让大学越来越处于“象牙塔”顶端，难以实现社会服务这样的职能。由此，周高峰在研究中总结了我国高校科研模式存在的问题：一是一些科研人员只关心自己的研究兴趣，而忽略了国家、行业发展的需要和环境保护的需要。科学研究要立足于国家需要，为国家和社会服务。研究人员只坐在办公室想问题，不走出去，长此以往，会造成人力和财力的浪费。此外，科研经费在科学研究项目的实施过程中有非常重要的作用。要想让科研经费发挥更大的价值，得到更好的利用，就必须建立一套科学有效的经费管理体系。只有这样，才可以避免高校科研经费、人力、财力浪费的现象。二是科研人员只着眼于校企短期技术合作。当前我国研究型大学基本上如此，即便是向创业型大学过渡的高校，也避免不了“一锤子买卖”的问题。此类问题在于不考虑企业的可持续发展，也无法和企业持续合作，不能实现规模发展。三是科研人员只关注自己的发展而忽略团队内部协作。科研人员往往会给自己争取利益，而几乎忽略其他参与人员的贡献，团队意识淡化。

科研评价是大学管理的一个重要领域，有效的科研评价是大学学术发展的支撑力量。随着我国高等教育的快速发展，众多大学越来越关注和强调科研评价对促进学校发展的特殊作用。下面谈谈我国研究型大学科研评价模式向创业型大学科研评价模式变革的几点建议。

1. 构建多元科研评价体系

传统的研究型大学一般通过量化的方式对科研成果和论文质量进行评价，单纯以数字衡量高校科研质量是高校学术评价过程中的常态化现象。为了迎合这种单一的量化评价机制，许多大学以“数量化、标准化、商品化”为标准来衡量教师的研究绩效。这样的评价方式没有发挥出学术评价中的学术价值导向作用，没有发挥出学术价值对社会服务产生的正向影响作用，而且忽视了知识生产过程中不同科研方法产生的差异等。此外，高校中的学科也有着较大的不同，自然科学与人文科学的科研价值、科研导向、科研方法都是不同的，我们不能将一套科研评价体系单纯地应用于所有学科，不能“一刀切”。因此，新知识生产范式的出现和应用促使高校探索并构建多元的科研评价体系：对不同学科、不同类型的科研成果采用不同的评价方式，充分考虑科研成果的学术价值、应用价值和社会价值。因此，在知识生产模式转型的背景下，提倡多元的学术评价观对改变研究型大学的科研评价导向起到了正向的促进作用。由此看来，创业型大学在进行科研评价时既不能唯学术论，也不能唯数量论；既不能只强调学术价值而忽视应用价值，也不能只强调应用价值而不强调学术价值。

研究型大学应顺势而为，在知识经济时代建立完善的多元评价制度。

2. 评价方式趋于专业化

学者刘作仪在研究中论述了英国模式，他认为，所谓的“英国模式”，指的是由学术领域内比较权威的人员进行科研评价工作，评审行政部门的科研项目资助资金，以及科研工作的实施情况、产生的结果，以及其他科研日常琐碎的工作等。科研人员仅仅对科研进行设计，开展具体的科研工作。至于具体的评价业务，甚至是之后的建议，则完全委托给专业的评价人员。通常来看，专业的评价人员经验丰富，工作态度严谨认真，对待学术一丝不苟，他们的结论和建议可以获得高度认可，同时也能得到政府等行政部门的认可，在政策过程中发挥重要作用。由案例研究，我们得知，英国实行内部评价和外部评价相结合的评价方式，弊端在于内部评价与外部评价容易相分离。因此，在评估时要充分发挥内部评估组织和外部评估组织的专业性，二者要密切配合。无论是内部评估组织还是外部评估组织，都要熟知评价导向、评价方式、评价内容和评价机制，要熟知自己的使命和目标，因为评估结果对被评估人十分重要，他们的意见甚至起到决定性作用。科研评价人员不仅要有很强的分析问题和解决问题的能力，还要在学术领域具有竞争力，甚至是学术领域的权威。没有掌握足够的专业知识，没有掌握足够的评价方法，这样的评价人员是无法在科研评价这一领域站稳脚跟的。

3. 注重科研成果中应用频率高的方面

进入知识经济时代，社会对大学所扮演的角色、发挥的功能和作用提出了新的要求。欧美一批研究型大学率先进行了探索，利用自己的知识创新成果，引资创办高技术公司，加速原创性科技成果的转化，孵化、催生、兴办新的产业，在国家和区域经济发展中发挥更加强大的创新辐射作用。20 世纪末，创业型大学一进入人们的视野就展现出强劲的发展势头。在这重大战略变革之际，我国众多高校主动把“双一流”大学和创业型大学建设结合起来，积极参与国家创新驱动战略，履行高等教育强国使命。学者叶璇在研究中论述到，传统大学教师承担教学和科研工作，这种工作往往是政府或大学考核教师绩效的基本内容，教学和科研工作对于大学教师而言常显得单调无趣，引入学术资本或许可以改善现有绩效考核效果，激发大学教师激情，使其投入科学研究。科研工作产生的收益不仅表现为学术成果，还表现为个人荣誉、经济利益等。如何调动大学教师科研积极性，将科研工作融入大学教学工作，是传统大学面临的难题。

创业型大学是一种全新的大学发展模式、大学理念和大学实践，也是高等教育发展到一定阶段的产物。创业型大学需要“自我驾驭”，并拥有将学术价值融入社会服务的信念。

4. 注重科研成果中有利于社会服务的方面

高校科研工作者承担着知识分子的角色，不仅要对自己的专业精通，还要有跨学科、跨专业的意识，将自己的专业放在社会视角乃至全球视角，全面地看待问题，不能只待在实验室或只在某领域开展研究、只向同行分享知识，而要走进公共领域，确保自己的工作与声音被公众听见、理解和信服。因此，高校科研评价制度改革要着力于发挥学术研究中的社会价值引领作用，凸显大学社会服务功能。在此基础上，引导科研工作者在研究过程中关注社会需求，并与社会公众进行有效的互动与沟通，做到不但对知识创新满怀激情，而且对社会发展极具关怀。同时，在新知识生产范式的影响下，高校的科研工作也逐渐向社会服务方向靠拢，让科研工作更加“接地气”，引导社会公众融入其中。

我国高校科研模式必须从自我封闭的科研模式中走出来，形成正确、科学、合理的科研评价与激励体系，立足我国经济社会的发展需要，坚决树立以促进和引领我国社会主义市场经济发展和以形成企业现实生产力、核心竞争力为前提和目标的开放性科研模式。促进高校科研成果向市场要素成功转化，同时构建合理的科研团队治理结构、人才结构和团队文化，以保证科研团队旺盛的创新活力和较强的服务社会功能。

5. 注重平衡评价导向与实际评价方式

在分析创业型大学科研评价时，要改变评价导向、创新评价方式。尽管有的创业型大学在创新科研评价导向时坚持“创业”的理念，强调“知行合一”的理念，有的创业型大学强调科研活动产出和创造性思维应在其公开发表物或被公认的原创性成果中找到证据，但我们还要关注评价方式与实际情况是否相符，也就是说，要关注评价方式是否能达到评价导向的要求。

综上所述，大学应该对不同学科进行不同模式的科研评价。首先，创业型大学与传统的研究型大学有所不同，科研评价的路径更要将理论和实践结合起来；其次，创业型大学与研究型大学相比，与企业联系更密切，应考虑企业实际需要的应用技术层面，与社会服务密切联系，认真履行大学社会服务职能；最后，创业型大学在发展与更新的过程中要逐渐远离“象牙塔”顶端，确保科研评价导向正向、评价主体相对独立、评价方式开放多元、评价机制科学准确，确保整体评价模式多样性，这是创业型大学科研评价模式有效发挥作用的前提和基础。

参考文献

[1] 戈尔丁，凯兹．教育和技术的竞赛［M］．陈津竹，等译．北京：商务印书馆，2015.

[2] 阿特巴赫，瑞丝伯格，萨尔米，等．新兴研究型大学：理念与资源共筑学术卓越［M］．张梦琪，等译．上海：上海交通大学出版社，2020.

[3] 德雷谢维奇．优秀的绵羊［M］．林杰，译．北京：九州出版社，2016.

[4] 安娜丽，陈·巴特尔．西方大学知识生产范式演变研究［J］．未来与发展，2021，45（8）.

[5] 陈乐．知识生产模式转型驱动下研究型大学改革路径研究［J］．高校教育管理，2019，13（3）.

[6] 李志峰，高慧，张忠家．知识生产模式的现代转型与大学科学研究的模式创新［J］．教育研究，2014，35（3）.

[7] 卓泽林．大学知识生产范式的转向［J］．教育学报，2016，12（2）.

[8] 王建华．创新创业的挑战与大学发展范式的变革［J］．大学教育科学，2020（3）.

[9] 王凯，胡赤弟，吴伟．基于“学科－专业－产业链”的创新创业型大学：概念内涵与现实路径［J］．清华大学教育研究，2017，38（5）.

[10] 张学文，陈劲．面向创新型国家的产学研协同创新：知识边界与路径研究［M］．北京：经济科学出版社，2014.

[11] 王建华．创新创业：大学转型发展的新范式［J］．南京师大学报（社会科学版），2018（5）.

[12] 阿特巴赫．世界级大学领导力［M］．姜有国，译．北京：中国人民大学出版社，2014.

[13] 埃兹科维茨．麻省理工学院与创业科学的兴起［M］．王孙禺，等译．北京：清华大学出版社，2007.

[14] 裴少岩．美国“卡耐基教育博士计划”研究［D］．保定：河北大学，2015.

［15］王战军．中国研究型大学建设与发展［M］．北京：高等教育出版社，2003.

［16］赵沁平．与时俱进　适应需要　逐步在我国形成一批高水平研究型大学［J］．中国高等教育，2002（21）．

［17］赵莉．研究型大学本科人才培养质量提升研究［D］．北京：中国矿业大学（北京），2018.

［18］周守军，郑忠梅．现代大学教学改革：面向不确定性知识［J］．中国高教研究，2010（1）．

［19］CLARK B R. Creating Entrepreneurial Universities: Organizational Pathways of Transformation［M］. Leeds: Emerald Publishing Limited, 1998.

［20］杨明．论知识经济条件下的新型大学模式：创新型大学［J］．师资培训研究，2001（4）．

［21］林辉，张磊．创新型大学发展模式研究：以英国沃里克大学为例［J］．辽宁教育研究，2004（6）．

［22］李健．关于建设创新型大学的思考［J］．中国高等教育，2005（Z2）．

［23］李慈章，肖云龙．论创新型大学三大特质［J］．煤炭高等教育，2005（6）．

［24］唐小艳．试论创新型大学的基本特征［J］．当代教育论坛，2006（5）．

［25］克拉克．建立创业型大学：组织上转型的途径［M］．王承绪，译．北京：人民教育出版社，2003.

［26］埃兹科维茨．大学与全球知识经济［M］．夏道源，等译．南昌：江西教育出版社，1999.

［27］SLAUGHTER S, LESLIE L L. Academic Capitalism: Politics, Policies, and the Entrepreneurial University［M］. Baltimore: Johns Hopkins University Press, 1997.

［28］王雁．创业型大学：美国研究型大学模式变革的研究［D］．杭州：浙江大学，2006.

［29］马志强．西方创业型大学的兴起和发展［D］．开封：河南大学，2007.

［30］YOKOYAMA K. Entrepreneurialism in Japanese and UK Universities: Governance, Management, Leadership, and Funding［J］. Higher Education, 2006，52.

［31］赵文华，易高峰．创业型大学发展模式研究：基于研究型大学模式创新

的视角［J］. 高教探索，2011（2）.
［32］李喆 . 建设创新创业型大学的思考［J］. 临沂大学学报，2015，37（3）.
［33］杨茜 . 创新创业型大学的使命［J］. 理论观察，2012（2）.
［34］埃茨科威滋 . 三螺旋：大学·产业·政府三元一体的创新战略［M］. 周春彦，译 . 北京：东方出版社，2005.
［35］王雁，孔寒冰，邹晓东，等 . 抓住第二次学术革命机遇，建设中国特色创业型大学［Z］. 北京：教育部科学技术委员会专家建议第 11 期，2007-02-06.
［36］蒋逸民 . 新的知识生产模式及其对我国高等教育改革的启示［J］. 外国教育研究，2009，36（6）.
［37］吉本斯，利摩日，诺沃提尼，等 . 知识生产的新模式：当代社会科学与研究的动力学［M］. 陈洪捷，等译 . 北京：北京大学出版社，2011.
［38］钱志刚，崔艳丽 . 知识生产视域中的学科制度危机与应对策略［J］. 中国高教研究，2012（10）.
［39］乔开文 . 我国研究型大学科研绩效评价指标体系研究［D］. 兰州：兰州大学，2010.
［40］顾剑秀. 知识生产模式转变下学术型博士生培养模式变革研究［D］. 南京：南京农业大学，2017.
［41］王禹超 . 研究型大学科研创新能力评价指标体系研究［D］. 武汉：华中师范大学，2013.
［42］梁权森，彭新一 . 基于 DEA 方法的研究型大学办学效益评价研究［J］. 高等工程教育研究，2008（2）.
［43］杨茜 . 创新创业型大学评价指标体系的研究［D］. 南京：南京工业大学，2015.
［44］U. S. Department of Commerce. The Innovative and Entrepreneurial University: Higher Education，Innovation & Entrepreneurship in Focus［R］. Washington D. C. : Office of Innovation & Entrepreneurship Economic Development Administration, 2013.
［45］ETZKOWITZ H, LEYDESDORFF L. The Triple Helix—University-Industry-Government Relations: A Laboratory for Knowledge—Based Economic

Development [J] . EASST Review, 1995, 14(1).
[46] 钱佩忠，翁默斯 . 创业型大学的内蕴与组织特色探析 [J] . 教育理论与实践，2012，32（9）.
[47] 宣勇，张鹏 . 论创业型大学的价值取向 [J] . 教育研究，2012，33（4）.
[48] 吴伟，邹晓东，陈汉聪 . 德国创业型大学人才培养模式探析：以慕尼黑工业大学为例 [J] . 高教探索，2011（1）.
[49] 邹晓东，陈汉聪 . 创业型大学：概念内涵、组织特征与实践路径 [J] . 高等工程教育研究，2011（3）.
[50] 张鹏，宣勇 . 创业型大学学术运行机制的构建 [J] . 教育发展研究，2011，31（9）.
[51] 布鲁贝克 . 高等教育哲学 [M] . 王承绪，等译 . 杭州：浙江教育出版社，2001.
[52] 卢盈 . 大学公共性的知识解读 [J] . 江苏高教，2017（3）.
[53] 张洋磊 . 研究型大学科研组织模式危机与创新：知识生产模式转型视角的研究 [J] . 科技进步与对策，2016，33（11）.
[54] 杜燕锋，于小艳 . 大学知识生产模式转型与人才培养模式变革 [J] . 高教探索，2019（8）.
[55] 卢盈 . 大学知识生产的协同演化：特征及其实现 [J] . 江苏高教，2019（4）.
[56] 曼海姆 . 意识形态与乌托邦 [M] . 黎鸣，等译 . 北京：商务印书馆，2000.
[57] 胡丽莎 . 知识生产的新模式与创业型大学的兴起 [J] . 教育学术月刊，2012（3）.
[58] 蒋文昭 . 基于模式 3 的大学知识生产方式变革 [J] . 黑龙江高教研究，2017（4）.
[59] 武学超 . 西方学者对模式 3 知识生产的多视角理论阐释 [J] . 科技进步与对策，2016，33（11）.
[60] 武学超 . 模式 3 知识生产的理论阐释：内涵、情境、特质与大学向度 [J] . 科学学研究，2014，32（9）.
[61] 蒋文昭，王新 . 知识生产模式转型与高校科研支持体系变革 [J] . 中国

高校科技，2018（8）.

［62］高慧．知识生产的时空转变与科技成果评价范式转型［J］．科技进步与对策，2022，39（2）.

［63］刘振亚．美澳创业型大学的建构和发展研究：基于三螺旋理论三因子的分析［J］．西南民族大学学报（人文社会科学版），2014，35（12）.

［64］解计洪，李真真．三螺旋理论视角下创业型大学的发展路径分析：以斯坦福大学、华威大学和福州大学为例［J］．科技促进发展，2018，14（6）.

［65］张雪萍．生态学原理［M］．北京：科学出版社，2011.

［66］胡林荣．高校跨学科人才培养生态环境研究［M］．南昌：江西高校出版社，2011.

［67］刘宝存，赵婷．知识生产模式转型与研究型大学科研生态变革［J］．北京大学教育评论，2021，19（4）.

［68］成希．研究型大学创新创业教育生态系统构建研究［D］．长沙：湖南师范大学，2019.

［69］张超，钟周，王孙禺．生态学视角下的创业型大学发展机制研究［J］．清华大学教育研究，2021，42（4）.

［70］陈娴，顾建民．从结构到文化：创业型大学自适应治理模式的建构［J］．高教探索，2018（5）.

［71］姚宇华．知识生产模式转型视角下大学组织模式变革研究［D］．武汉：武汉大学，2020.

［72］张慧洁．巨型大学组织变革［D］．厦门：厦门大学，2004.

［73］卡明斯，沃里．组织发展与变革精要［M］．李剑锋，等译．北京：清华大学出版社，2003.

［74］克拉克．高等教育系统：学术组织的跨国研究［M］．王承绪，等译．杭州：杭州大学出版社，1994.

［75］陈霞玲．美国创业型大学组织变革路径研究［J］．复旦教育论坛，2015，13（5）.

［76］胡娟．从学者治理、学校治理到学术治理：高等教育普及化时代的研究型大学治理［J］．复旦教育论坛，2021，19（1）.

［77］李立国，张海生．以知识创新为导向的大学治理变革逻辑与秩序维

度［J］. 高等教育研究，2021，42（12）.

［78］ 王建华. 为何及如何创建创新创业型大学［J］. 华东师范大学学报（教育科学版），2021，39（12）.

［79］ 王建华. 以创业思维重新发现大学［J］. 教育研究，2019，40（5）.

［80］ 刘庭，张荔. 转向创业型大学：来自西方大学的经验与启示［J］. 黑龙江高教研究，2014（6）.

［81］ 李雪飞，程永波. 美国研究型大学教师创新创业精神的培养：基于美国商务部《创新与创业型大学》的报告分析［J］. 江苏高教，2019（3）.

［82］ 孙钦秀，高汉峰. 高校创新创业教育的意义与实践［J］. 创新与创业教育，2013，4（4）.

［83］ 宋海斌，王军杰. 新加坡南洋理工大学创新创业教育的实践与思考［J］. 民族教育研究，2018，29（3）.

［84］ 刘梦星，张红霞. 高校科研评价的问题、走向与改革策略［J］. 高校教育管理，2021，15（1）.

［85］ 李鹏虎. 知识生产模式转型与高校科研评价改革［J］. 江苏高教，2020（10）.

［86］ 薛少一. 论高校科研非学术影响评价［J］. 中国高校科技，2016（7）.

［87］ 陈学飞. 当代美国高等教育思想研究［M］. 大连：辽宁师范大学出版社，1996.

［88］ 王保华. 论高等教育以“客户”为导向理念的确立［J］. 辽宁教育研究，2002（1）.

［89］ 朱玲玉. 高校科研评价机制科学化初探［J］. 中国高校科技，2014（7）.

［90］ 高明. 英美创业型大学管理模式比较及启示［D］. 沈阳：东北大学，2015.

［91］ 张宇庆，姬庆庆. 知识创新视角下的大学学科交叉研究［J］. 中国高校科技，2020（6）.

［92］ 刘仲林. 现代交叉科学［M］. 杭州：浙江教育出版社，1998.

［93］ 金吾伦. 跨学科研究引论［M］. 北京：中央编译出版社，1997.

［94］ 张秀萍，黄晓颖. 三螺旋理论：传统“产学研”理论的创新范式［J］.

大连理工大学学报（社会科学版），2013，34（4）.
［95］贺飞，姚卫浩 . 美国高校技术转移活动及其对我国的启示［J］. 中国高校科技，2015（7）.
［96］方炜，郑立明，王莉丽 . 改革开放 40 年：中国技术转移体系建设之路［J］. 中国科技论坛，2019（4）.
［97］邹晖 . 美国大学技术转移体系分析及启示［J］. 中国高校科技，2016（Z1）.
［98］隆云滔，张富娟，杨国梁 . 斯坦福大学技术转移运转模式研究及启示［J］. 科技管理研究，2018，38（15）.
［99］任浩，卞庆珍 . 大学衍生企业：概念属性、创生动因与运行机制［J］. 南京社会科学，2018（6）.
［100］于兴业，郑雪梅 . 国外大学衍生企业策略对我国高等教育创新转型的启示［J］. 黑龙江高教研究，2019，37（8）.
［101］娄成武，陈俊 . 解读美日研究型大学衍生企业及对我国的启示［J］. 科学学研究，2005（S1）.
［102］张艳，焦艳，唐安 . 负责任的科研管理及绩效评价体系的探讨与实践［J］. 科技和产业，2021，21（10）.
［103］重塑科研评价体系，能纠正中国的论文造假乱象吗？［EB/OL］.（2020-08-23）［2022-12-21］. https: //dy. 163. com/article/FKM5UDEV05318Y5M. html.
［104］侯军岐，侯丽媛 . 地方高校科技成果评价因素及排序［J］. 科研管理，2016，37（S1）.
［105］唐慧君 . 大学科研评价体系及应用研究［D］. 长沙：湖南大学，2006.
［106］文依婷 . 创业型大学的创业教育研究：以加州理工学院为例［D］. 长沙：湖南师范大学，2020.
［107］邱俊珲 . 创业型大学建设模式研究［D］. 福州：福州大学，2016.
［108］刘晓璇 . 研究型大学研究生跨学科培养模式研究［D］. 杭州：浙江大学，2019.
［109］雅斯贝尔斯 . 什么是教育［M］. 邹进，译 . 北京：生活·读书·新知三联书店，1991.
［110］王伟宾，张萌萌，丁邦平 . 试论未来教育的特点、理念及评价内

容［J］. 教学与管理，2021（36）.
［111］伍醒 . 创业型大学的科研特征及其改革意义分析：兼论我国高校科研发展模式转型［J］. 科技进步与对策，2011，28（14）.
［112］张炜，王良 . 大学知识生产模式变革与学科评估的未来走向［J］. 江苏高教，2022（2）.
［113］李友梅，耿敬 . 中国社会学的知识生产范式：以晏阳初和费孝通的实践为例［J］. 学术月刊，2020，52（6）.
［114］张辛皎，资虹，朱苏静，等 . 美国研究型大学本科生课程与教学评价体系探析：以斯坦福大学为例［J］. 江苏科技信息，2021，38（17）.
［115］刘静雪，高婷婷，李凤林，等 . 基于案例分析的应用型本科院校实践教学体系研究［J］. 安徽农业科学，2021，49（19）.
［116］费翔 . 知识生产模式转型视角下创业型大学人才培养刍议［J］. 教育探索，2021（12）.
［117］杜嫱 . 研究型大学教师的教学现状与困境分析［J］. 教师教育研究，2020，32（3）.
［118］刁勇生 . 我国一流大学社会服务绩效评价指标体系的构建与应用［C］// 加快推进大学治理体系和治理能力现代化：“2020 高等教育国际论坛年会”论文集 .［出版者不详］，2020.
［119］邵丽华 . 高水平研究型大学体育教学的社会服务体系化构建［J］. 当代教育实践与教学研究，2015（12）.
［120］刘媛媛 . 创业型大学发展模式的国际比较研究［D］. 天津：天津工业大学，2018.
［121］郑晶，连晓庆 . 应用技术大学社会服务能力提升的动力机制研究［J］. 经营与管理，2022（5）.
［122］王楠 . 美国大学社会服务职能演进与转型［J］. 高等工程教育研究，2022（1）.
［123］张其香，武学超 . 国外大学技术转移扶持政策研究综述：措施、效果与启示［J］. 情报杂志，2016，35（6）.
［124］方宇，王迪，刘书华，等 . 地方高校技术转移服务体系路径探索研究：以上海工程技术大学技术转移中心建设为例［J］. 中国科技产业，2021（9）.

［125］陈凡．关于高校提升技术转移转化工作效能的思考：以南京信息职业技术学院为例［J］．江苏航运职业技术学院学报，2021，20（4）．
［126］王敬国．新时代高校创新创业教育体系的构建路径［J］．中国高等教育，2021（18）．
［127］眭依凡，王改改．大学治理体系与治理能力现代化：高质量高等教育体系建设的必然选择［J］．中国高教研究，2021（10）．
［128］常亮．中国大学治理现代化研究的进展、评述与展望［J］．教育评论，2021（2）．
［129］刘静．科研评价模式改革研究：基于破除“唯 SCI”的视角［J］．中国高校科技，2021（3）．
［130］李鹏虎．知识生产模式转型与高校科研评价改革［J］．江苏高教，2020（10）．
［131］周高峰．我国高校科研模式及其有效性探讨［J］．中国高校科技，2016（4）．
［132］宋晓满，伍诗宇，贾青青．以价值为导向的科研经费管理绩效评价模式探讨［J］．当代会计，2019（14）．
［133］杨光钦．大学科研评价方法与思维模式创新［J］．中国高等教育，2012（Z1）．
［134］刘作仪．英国科研评价模式：由专业评价人员进行评价［J］．科技导报，2003（2）．
［135］叶璇．创业型大学内涵及特征研究［J］．才智，2021（29）．

后记

本书终于如期出版了。当前，知识生产方式正在发生重要变化，知识生产正从以“学术范式”为轴心的传统知识生产方式转向以“应用范式”为主导的知识生产新模式。这预示着传统的研究型大学科研评价模式正在面临范式挑战。以学科为基础、专业化的知识生产方式的评价模式越来越与现代大学科学研究的实际情况相脱离。在知识经济时代，为强化知识的应用，研究型大学的科研评价模式亟须向创业型大学的科研评价模式转型。

本书以创业型大学科研评价体系为研究对象，从三个方面开展了研究与创新工作：一是创业型大学科研评价模式变革与基本理论研究；二是创业型大学科研评价要素识别的实证研究；三是创业型大学科研评价模式构建的案例研究。基本理论研究方面突出基于知识范式转型的创业型大学科研评价的理念、组织与职能特点；实证研究方面突出创业型大学要素识别的现状与问题分析；案例研究方面既选择国外成熟的创业型大学案例，也选择国内转型中的研究型大学案例进行分析。本书探究了创业型大学科研评价的要素、基准与发展模式，揭示了研究型大学科研评价体系向创业型大学科研评价体系变革的新图景，为我国研究型大学科研评价的改革与发展和创业型大学科研评价体系建设提供了初步的政策建议。

本书的适用对象为高校研究与教学工作者、高校学生及其他相关研究与教学工作者。本书凝结着众多人的智慧。本书系河北省社会科学基金项目“创业型大学科研评价体系及其对雄安大学的借鉴意义研究”的成果。本书受河北大学“双一流”学科管理科学与工程项目资助，感谢河北大学管理学院各位领导的大力支持与指导！感谢承担本书出版的中国财富出版社上下为本书的编辑出版付出的辛勤劳动！感谢河北大学管理学院的张伊婧、杨倩、牛玉华同学以及河北大学教育学院的宋耀晨同学，他们在资料收集与整理、数据分析、章节撰写方面做了大量工作，贡献了智慧和力量。最后还要对本书出版给予关心与支持的其他领导与师友表示衷心的感谢！